El Elixir *de* La Verdad

Dimensiones Interiores

◆ VOLÚMEN DOS ◆

Musa Muhaiyaddeen

Deseo expresar mis especiales agradecimientos a Sharon Marcus mi Editora, a Amy Wilson mi Coordinadora de Producción, a mi Diseñador Gráfico Lawrence Didona y a mi Fotógrafo Lou Wilson.

Versiones de Audio en ingles están disponibles en
www.thewitnesswithin.com

Library of Congress Control Number: 2018903629

Muhaiyaddeen, Musa

    El Elixir de la Verdad: Dimensiones Interiores,
    Volúmen 2/ Musa Muhaiyaddeen (E. L. Levin)
    Atlantic City, NJ: The Witness Within, Inc., 2013
    p. cm.

    Trade paperback: 978-0-9965655-8-5
    También disponible en formatos iPad, Kindle, y Epub.

    1.El Sufismo. 2. Dios. 3. La Verdad. 4. La Sabiduría. 5. La Realidad.
    7. La Vida Eterna. 8. Transformación. I. Título

Copyright ©2018
by The Witness Within, Inc.
1616 Pacific Avenue, Suite 500, Atlantic City, NJ 08401

Reservados todos los derechos. Ninguna porción de este libro puede ser reproducida, por medio escrito o electrónico, sin la autorización legal previa del editor.

Impreso en Los Estados Unidos de América
Primera Edición

*Este libro está dedicado
a mi Maestro
Muhammad Raheem Bawa Muhaiyaddeen,
a mi esposa Asiya
y a mis padres.*

Tabla de Contenidos

	Introducción	vii
	El Camino	xi
1.	El Amor Está en Todas Partes	13
2.	La Fe, la Ley y la Acción	19
3.	El Testimonio Interior	27
4.	El Misticismo	35
5.	Adquirir Sensibilidad	43
6.	Toboganes y Escaleras	49
7.	La Interpretación de la Gratitud	57
8.	La Regla del Amor	65
9.	El Equilibrio	71
10.	La Obligación	79
11.	La Sabiduría y la Madurez	87
12.	Los Amantes de Dios	95
13.	Mi Religión, Su Religión	103
14.	El Yo Animal	109
15.	En Dios Confiamos	117
16.	La Arrogancia de la Murmuración	127
17.	La Paz, la Oración y la Sabiduría	135
18.	La Consciencia de Dios	141
19.	Misericordia y Alegría	149

20.	Identidades	155
21.	Lo que el Amor Tiene que Ver con Esto	163
22.	El Susurrante	171
23.	Control y Rendición	177
24.	La Intervención Divina	185
25.	El Camino Místico	193
26.	La Transparencia	201
27.	La Sinceridad	209
28.	Los Atributos de Dios	217
29.	Convertirnos en lo que Aspiramos Ser	225
30.	La Copa Vacía	235
31.	Las Reglas del Mundo y las Reglas de Dios	243
32.	Paciencia en el Aprendizaje	251
33.	Las Consecuencias	259
34.	La Importancia y la Falta de Importancia	267
35.	El Amor y la Ley	275
36.	La Presencia Divina	283
37.	La Roca	291
38.	El Lugar Interior del Culto	299
39.	Comprensión de la Unidad	309
40.	La Opción que Tenemos	319

Introducción

Este, el segundo volumen de las conferencias de Musa Muhaiyaddeen, ofrece un banquete de platos sustanciosos de sabiduría y se entrega sin necesidad de cursos preestablecidos. Cada porción aporta un nuevo ingrediente del espíritu humano, tanto en su actual condición como en la ideal que debemos esforzarnos por ser. Si se desea, es posible concentrarse sólo en los epígrafes de cada capítulo, pero no es probable que usted se detenga allí, amable lector, sino que continúe disfrutando del contenido en su totalidad, gracias a sus segmentos de alta y agradable legibilidad. Sus capítulos de son versiones de las disertaciones matutinas de los sábados ofrecidas por Musa. Los afortunados que asisten a disfrutar de ellas se presentan y se saludan con abrazos y sonrisas, anticipando el inmenso valor de lo que se aprestan a escuchar. Enseguida el auditorio se prepara para unas pocas palabras introductorias: Bismillahir-Rahmanir-Rahim , ¡Empezaremos en el nombre de Dios, el Misericordioso, el Compasivo. Y luego se navega en un ambiente de bienvenida al aprendizaje de verdades, expresadas por alguien que, con sencillez, transmite la vibración de la Verdad Divina. Tomemos por ejemplo el capítulo 4: explica que la esencia de la mística es la búsqueda de la esencia de uno mismo, más allá de las limitaciones del mundo material.

No es nueva la idea de que el mundo es una ilusión difícil de vivir, porque constituye una distracción muy convincente. ¿Cómo podemos cumplir con el consejo bíblico y Sufi para estar en el mundo, pero no ser de él? Musa lo explica de una manera y luego de otra y otra... "mantenerse en ello, seguir intentándolo". He aquí una historia, no te preocupes, es parte del ser humano, recuerda que Dios es la única realidad. "Estamos vivos para aprender el amor, nada es más importante; es una verdad simple, pero no un camino fácil. Musa nos dice por qué, interpreta y transmite la realidad, lo que necesitamos saber; nos muestra lo mejor de lo que podemos llegar ser: estamos llamados a ser santos (Pág. 77); tenemos obligaciones hacia los demás (p 81.); tenemos que elegir a Dios, no a una religión ni al mundo (pag. 104, 131.); cuando estoy aquí, Dios no está, cuando no estoy aquí, Dios está (p. 151). Cada una de estas conversaciones habla de la condición humana. Si usted tuvo la suerte de haber contado con un padre que le estimulaba a pensar, estas conversaciones enriquecerán su vida; si no fue tan afortunado, estas conversaciones también enriquecerán su vida. Los estudiantes han querido escuchar las conversaciones de Musa en su página web: thewitnesswithin.com. Comparan la sabiduría en estas con la de los grandes filósofos de la historia islámica: Al-Ghazali (S. 12), Ibn Arabi, Attar, Rumi (todo el S. 13), Hafiz (S. 4) -y mujeres Sufíes desde los orígenes del Islam. En su estudio comparativo, los estudiantes reciben una visión que supera el paso del tiempo. Musa traduce sabidurías antiguas al espíritu del siglo 21, que consuela y y nos marca un desafío. Las diálogos de Musa nos ayudan porque él nos habla acerca de donde vivimos y nos enseña de acuerdo con nuestro nivel cultural. Él es un producto de la América de finales del siglo 20, que marcha en el siglo 21 con cada uno de nosotros, empujado por los torbellinos de la época contemporánea. Pero a diferencia de nosotros, él tuvo el honor de estar sentado a los pies de Bawa Muhaiyaddeen y aprender que este tiempo y lugar no son la realidad. Ella reside dentro de cada uno de nosotros, más allá de esta complicada existencia. Estas lecciones nos instan a considerar todo lo que es importante en nuestra forma de actuar, lo que pensamos, lo que creemos. Él nos permite preguntar sin temor el porqué de las cosas y admitir nuestra ignorancia y reconocer el fracaso. Él nos aconseja ser conscientes, manteniendo la naturaleza real de Dios en nuestra mente: para acercarnos cada vez camino más a esa Realidad, manteniendo la naturaleza de Dios en mente; a acercarnos más al camino que conduce a ella, para separar la existencia material de todo lo que es eterno en nuestra naturaleza, centrados en el corazón. "Dios implantó el alma en un punto pequeñito del corazón de cada uno, de nosotros, el que alberga al universo entero" (pp.175 & 261). La recompensa de trabajar hacia esta realización es sentir alegría, incluso cuando enfrentamos dificultades. ¿Cómo podemos lograr esto? Caminando alrededor del amor, repartiéndolo (p. 271) y abriendo este libro.

Con gratitud,
Beverly Mack Lawrence, KS
Junio 10, 2014

El Viaje

El destino del hombre está directamente relacionado con su estado de consciencia. A medida que se mueve de un deseo, pleno de consciencia egocéntrica, hacia los distintos elevados niveles de la sabiduría, trasciende sus circunstancias mundanas ilusorias y se encamina hacia su verdadero destino en la realidad. Auténtico trabajo del hombre en este mundo es esta transformación de su consciencia, de sus características animales, en la sabiduría llena de luz, libre de influencias elementales que reside dentro de la gracia plena de los atributos de Dios.

CAPITULO UNO

*Pensemos en un amor
que no es elemental,
que no ejerce magnetismo
ni atracción,
para pensar en un amor
que supera los elementos,
para dar paso a
la misericordia y a la
compasión.*

CAPITULO UNO

El Amor Está en Todas Partes

Hay que entender que el mundo que nos rodea está lleno de oposición, de opiniones contrapuestas, que crean una situación de confrontación, de dificultades que pueden suceder cada vez que tenemos dos o más personas juntas. En Occidente llamamos política a una forma educada de describir a las personas que compiten por el control, por la supremacía. Esto es algo que ocurre tanto en los niveles más altos con en los más bajos, cuando se presentan situaciones entre dos personas, entre tres, entre una docena o entre millones. Se forman grupos de todo las ideologías que se enfrentan entre sí. Los que están en el camino hacia Dios no se oponen, se mueven a sin entrar en oposiciones. ¿Cómo pueden hacer esto, ¿cómo pueden liberarse de todo el trauma, de la ansiedad, de las dificultades de las controversias y los conflictos? Se habla sobre el amor, se predica el amor, pero no es un asunto sencillo. El romántico es un tipo de amor, pero la gente dice amar muchas cosas, a su país, su lengua, su sociedad, su lugar en ella, a la esposa, el trabajo, el auto, el perro. El amor está en todas partes, esa clase de amor que es como un imán, que atrae o repele. Cuando nuestro ego elemental quiere algo lo atraemos, queremos que se una a nosotros, que se identifique con nosotros y lo amamos. Él ego está conectado a las cosas o elementos que se sientan atraídas dentro de nosotros, y a eso llamamos Amor.

Dios no está formado por elementos. Él no es de ninguna manera un compuesto de ellos ni tiene forma. Pensemos en un amor que no es elemental, que no es magnético ni tiene atracción, que no pasa por los elementos y concede la misericordia y la compasión. Pasa sin oposición porque no está conectado a nada elemental, ni entra en contacto con ello. Lo elemental podría, incluso, no saber que está ahí, no puede reconocerlo, verlo ni entenderlo. Los que viven tan solo en un mundo definido por los elementos, están confundidos; sólo saben que hay algo diferente, pero no entienden por qué, ni reconocen algo que no es elemental y supera sus conceptos elementales. Debemos distinguir los aspectos elementales del amor, del llamado amor, desde los aspectos no elementales y entregarnos al que no es elemental. Este es un atributo de Dios, al que debemos aspirar, una comprensión por la cual debemos luchar. Cuando ese amor no elemental, no magnético que no jalona ni impele, ni tiene expectativas está activo suceden cosas extraordinarias, no sólo para nosotros, sino también quienes nos rodean. Cuando tenemos este amor, que no está unido al mundo ni a la ilusión, existirán la misericordia y la compasión; entenderemos su diferencia con el amor elemental y el mundo comenzará a cambiar. Hay grandeza en este inmenso y poderoso amor que no puede ser visto. Un ser santificado por Dios, lleno de ese amor, puede cambiar todo un país.

Para hacer lo que debemos hacer, es necesario crear un testigo interior que examine con sinceridad nuestras acciones, que sea honesto, con conocimientos, con la sabiduría para diferenciar entre el bien y el mal. Cuando ese testigo ve una acción inadecuada, nos aconseja detenernos y analizar lo que estamos haciendo para responder de manera adecuada. Ese testigo es nuestra conciencia, nuestro Maestro interno. Si está lo suficientemente desarrollado y no nos alejamos de él ni interferimos su camino, puede ser ese amor, no elemental, que sabe del bien y del mal. Cuando escuchamos a nuestro testigo interior, entendemos cómo actuar de manera apropiada a través de la sabiduría y así dejamos de ser influenciados por el mundo.

Debemos desarrollar nuestro testigo, la conciencia, que nos vigila y nos dice que sí cuando las cosas son apropiadas y dice que no cuando no lo son. Hemos de ser constantes y consistentes. Dios apoyará este esfuerzo; por cada paso que damos hacia Él, Él da diez hacia nosotros. Si le pedimos, si le oramos a Él, Él nos ayudará. Debemos establecer la intención y luego orar por ella.

Que Él haga fructífera nuestra intención y responda a nuestras oraciones.

CAPITULO DOS

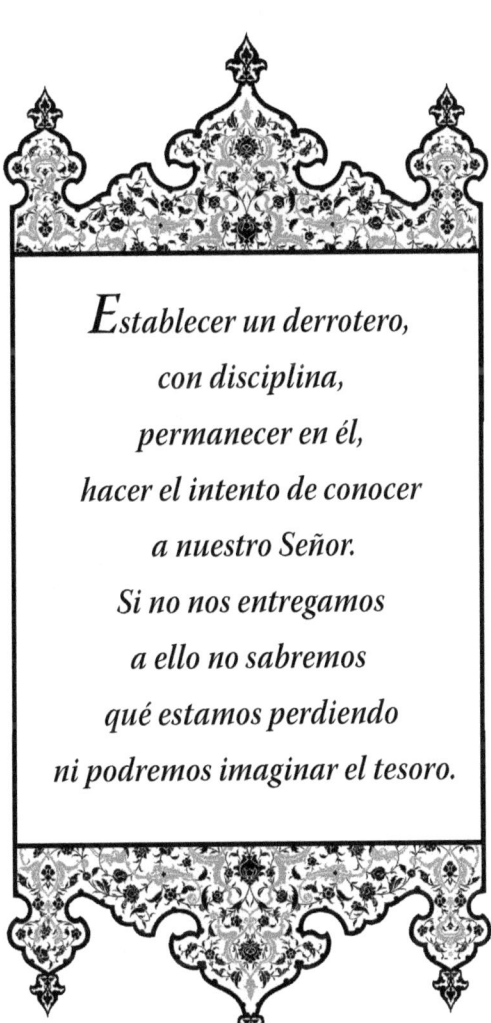

*Establecer un derrotero,
con disciplina,
permanecer en él,
hacer el intento de conocer
a nuestro Señor.
Si no nos entregamos
a ello no sabremos
qué estamos perdiendo
ni podremos imaginar el tesoro.*

CAPITULO DOS

La Fe, la Ley y la Acción

Necesitamos fe para vivir en el reino de Dios; si no tenemos fe absoluta, no podremos situarnos allí. Es necesario comprender los principios divinos, la ley divina; si no los entendemos perfectamente no podremos ser apropiados para entrar al lugar donde mora Dios. Debemos tener una conducta específicamente pura; Si conocemos la ley y tenemos fe pero no actuamos de manera adecuada, negaremos tanto nuestra fe como nuestra comprensión. Los tres deben estar unificados, como un taburete de tres patas; si le llegara a faltar una, no mantendrá su equilibrio. Si no creemos, si nuestra fe no es fuerte, si no intentamos comprender la ley de Dios y situarnos en el lugar donde esa ley es importante, donde lo contemplaremos, donde podremos interactuar con El, empezar a entenderlo y hacerlo parte de lo que somos. Si la ley de Dios no es importante para nosotros, nuestras acciones no lo reflejarán. Si la ley divina nos dice que debemos tener las cualidades de Dios, pero si andamos con ira, ¿cuál es el sentido de nuestro conocimiento? Meramente un ejercicio académico, no un ejercicio del ser. Este camino es un estado de bienestar y de transformación. Somos siempre seres o estamos en el proceso de llegar a ser, estado en el que tratamos de convertirnos con la ayuda de Dios. Este devenir es un proceso que no se detiene, razón por la cual la paciencia es parte integral de la ley divina. Sin paciencia el proceso de ser y el devenir no son factibles, no podemos manejar el estado de devenir. La paciencia es un requisito previo para nosotros en nuestras relaciones con los demás.

Las leyes divinas se aplican a nosotros, a lo que hacemos, a la forma como interactuamos con los demás. Si podemos ser pacientes con nosotros mismos, pero no con otros, nuestra conducta será inadecuada, incorrecta. Si tenemos misericordia con nosotros mismos, pero no con los demás, nuestra conducta es inadecuada, incorrecta. La conducta adecuada consiste en interactuar con toda la creación. Dios interactúa con su creación, ¿podemos imitarlo? Esta es la razón de las leyes divinas y necesitamos conocerlas. Aún no nos hemos convertido en todo lo que podemos llegar a ser, estamos en proceso lo que significa que necesitamos leyes y la fe y el respeto para seguirlas.

Todo funciona de cierta manera, en un cierto nivel y también lo hacen los atributos de Dios. Si queremos estar en contacto con las ellos tenemos que actuar de manera adecuada. Las leyes divinas existen para alinearnos con el flujo natural de las cosas, el flujo divino. Cuando no estamos alineados con este flujo nos hemos alejado deliberadamente, con un acto de separación. Supongamos que estamos en una banda musical, marchando a un ritmo determinado y tenemos una canción diferente en nuestra cabeza, perderemos el paso. Mientras no le concedamos relevancia no vamos a cambiar, mientras no creamos que conservar el paso es importante no cambiaremos. La fe es importante, tenemos que creer que ir tras de ella es importante porque si tenemos la sintonía equivocada en nuestra mente nos llevará a la adecuada, y nos dirigirá a un desempeño apropiado.

Esa actuación no es una tonada de tres minutos, ha de durar toda nuestra vida. Tenemos que aprender a no estar en sintonía con el mundo y si con algo que no podemos ver, no podemos oír, gustar ni oler. Esto a menudo nos pone fuera de sintonía con todos los demás; sin embargo si consideramos que es importante estar en conjunción con ellos, con lo que ven, significa que para nosotros no es tan importante armonizarnos con lo que no se puede ver, con lo inefable, con Dios. Esta es la lucha de nuestras vidas.

Parte de ella está en interactuar con la gente que no cree, que no quiere creer ni aprender a estar en la presencia divina y mantenernos en medio de los incrédulos. Para algunos es difícil nutrirse de la presencia divina, tener fe en ella, para circunscribirse a sus lineamientos en medio de aquellos para los que no le conceden relevancia. Esto significa que debemos ser autónomos, no tan sujeto a los altibajos de los que no están anclados en la fe, porque tienen diferentes valores y principios y actúan de manera diferente. Mientras estamos entre ellos, ¿podemos tratarlos con la conducta pura de los caminos de Dios?

Esta es una de nuestras pruebas, Dios no se separa de los que se alejan de Él; Él no los separa, lo hacen ellos. Él se queda tan cerca de ellos como de todos. Cuando están listos para acercarse, Él está listo para recibirlos. ¿Estamos en ese estado, hacemos separaciones, trazamos las líneas que dicen que estas personas pertenecen y aquellas no? ¿Qué tan equilibrados somos, cuán importante es esta sutil y refinada conducta, ¿es más importante que ser correctos? Esto es a menudo a lo que se reduce; ¿qué tan importante es para nosotros estar en lo cierto? Si tenemos que lograrlo, ¿cambia la forma en que hacemos las cosas, o nuestra fe nos satisface?

Cuando nos analizamos a nosotros mismos descubrimos lo que nos mueve, lo que es importante para nosotros. Al observarnos haciendo diferentes cosas, podemos identificar el estado en que estamos y entendemos lo que nos atrae y lo que nos repele ¿Qué nos hace explotar? A veces la gente se pregunta cómo puede dejar de hacer algunas cosas. Esto se reduce a cuán importante es la ley para nosotros, Algunos no violan la ley, una luz roja no es opcional para ellos. Esta es una elección opcional que hacemos, o no? A medida que las cosas se hacen más sutiles se tornan más difíciles. ¿Enojarse es opcional o no? ¿Tenemos diferentes normas y valores cuando estamos solos que o cuando actuamos en público? Si no hay nadie en la esquina cuando el semáforo nos pasamos está en porque nadie nos está mirando? ¿Están nuestras vidas conducidas para los ojos humanos o s e someten a la visión penetrante de Dios? Cuando nadie nos ve, ¿somos conscientes de que Dios nos ve, vivimos con la convicción de que Dios lo hace todo el tiempo? Hubo un hombre santo que nunca se sentó.

Cuando alguien le preguntó por qué, dijo, "Es de mala

educación sentarse delante del Rey, hay que estar en una posición de respeto ante el Rey, una posición de preparación y atención. ¿No estamos acaso siempre ante el rey? "Es difícil vivir de esta manera, eso no significa que la ley diga que nunca podremos recostarnos o extender nuestras piernas; estos son ejemplos extremos para llamar nuestra atención y enseñarnos cómo entender nuestra vida y las normas que debemos observar.

Dios es misericordioso y compasivo. Los profetas dijeron que la ley divina no está destinada a ser extrema, no pretenden hacernos difícil la vida sino más fácil. Aquellos que piensan que están dando algo al aceptarla, no han entendido, no conocen la gracia y la gloria de aceptar su ley; piensan que están perdiendo algo al renunciar a los caminos del mundo. No podemos saber lo que se siente al estar en un avión, antes subirnos a él y emprender el vuelo; no podemos saber lo que se siente al nadar hasta entrar al agua; no podemos saber lo que es vivir con las leyes de Dios mientras no las cumplamos, si queremos saber lo como es ello, tenemos que hacerlo.

La comprensión de ciertas cosas implica hacerlas. Si no tenemos fe, si es difícil para nosotros experimentarla, podemos utilizar la disciplina de Su ley divina, para ver qué pasa cuando hacemos nuestra Su conducta específicamente pura. Cuando nos acercamos a la interacción con nuestro Señor a veces leso ayudará a desarrollar nuestra fe, pero no debemos esperar que todo suceda de una vez. Es necesario establecer un curso con mucha disciplina, permanecer en él por un tiempo, intentar conocer a nuestro Señor. Si no nos damos tiempo para ello no podremos saber lo que nos falta, ni imaginar el tesoro que constituye. Lo que no podemos imaginar se convierte en la razón para creer que no existe. La arrogancia siempre dice que sabemos, pero la humildad no teme decir que no sabemos.

En un estado en el que no estamos preocupados por nosotros mismos, que no tenemos egoísmo, ni arrogancia, ni orgullo, ni en paz, y admitimos con facilidad que no sabemos. Si no estamos en ese estado, las palabras son casi imposibles de pronunciar porque son humildes. Para los que están en paz, viviendo en la verdad, admitiendo que no saben, es una declaración que significa que todavía no estamos en nuestro destino, pero vamos a llegar allá.

Esta es la fe. Si tenemos fe, podemos decir que no sabemos, si tenemos fe sabemos que todo lo que aún no nos ha sido revelado se dará más adelante; si tenemos fe estamos seguros de que todo lo recibiremos todo, el gran tesoro nos será dado porque creemos en los profetas y en las promesas de Dios. Sin Fe no creeremos, sino que recogeremos del mundo tanto como podamos. Estas tres cosas, la fe, la ley y nuestras acciones se entrelazan, se afectan entre sí. Entender lo que nos afecta es parte de nuestro trabajo, parte de nuestro crecimiento. Que nuestra fe crezca, que nuestra comprensión de la ley divina crezca, que pueda nuestra conducta ser cada vez más pura.

CAPITULO TRES

Para conocernos a nosotros mismos, tenemos que mirar cuidadosamente. Empezar con el testigo interior que nos conoce.

CAPITULO TRES

El Testigo Interior

Conocernos a nosotros mismos es una empresa de enormes proporciones. Se dice que debemos hacerlo para conocer a nuestro Señor. Es una búsqueda del sentido de la existencia que muchos han llegado a la conclusión de que existimos para conocer a nuestro Señor, Aquel que nos creó. Dicen que el camino hacia este conocimiento reside en llegar a definir lo que somos: para conocer a nuestro Señor tenemos que conocernos a nosotros mismos. ¿Cómo llegaremos a lograrlo? Como responder a la pregunta ¿quién soy? ¿Cuál es el proceso que hemos de seguir para encontrar la respuesta y entenderla?

Para conocernos a nosotros mismos tenemos que mirarnos. Empezamos con la ayuda de un testigo interior que nos conoce. Ser testigo no es fácil; se nos ordena no levantar falsos testimonios. ¿Somos capaces de dar testimonio sobre nosotros mismos de manera honesta, mirando de manera objetiva, sin prejuicios, sin favoritismo, como nos gustaría mirar todo en el mundo? ¿Somos culpables de nepotismo en los asuntos mundanos? ¿cuánto practicamos cuando nos miramos a nosotros mismos? ¿Qué tan fuerte es el perjuicio o la inclinación a hacer lo que hacemos o a decir lo que pensamos que es apropiado? ¿Podemos crear un testigo que observe nuestras acciones y de informes correctos? ¿Somos capaces de crear un mecanismo interno para evaluar lo que hacemos, dónde estamos, hacia dónde vamos, la forma cómo forjamos las cosas? Es algo complejo y sutil, pero si vamos a saber quiénes somos, si vamos a conocer la realidad de la existencia, tenemos que empezar por ser honestos con nosotros y acerca de nosotros mismos.

Si queremos ser devotos, sin embargo, no es suficiente sólo conocernos a nosotros mismos. Podemos saber que somos unos sinvergüenzas y admitirlo pero eso no nos ayuda mucho. Tenemos que adquirir la sabiduría de una conducta adecuada, una manera de pensar apropiada y un estado adecuado de bienestar; la sabiduría que nos pone en el camino correcto hacia nuestro verdadero yo, el yo original instalado dentro de nosotros. Nos habremos convertido en un híbrido. Desde el momento en que nacimos, empezando por nuestros padres, hemos sido influenciados por el mundo y todas sus cosas. El hecho de que la gente tenga hijos, no significa que sepa cómo criarlos o enseñarlos adecuadamente; hemos sido objeto de lo que nuestros padres hicieron o dijeron. Muchos de nosotros hemos tenido la suerte de contar con unos padres que sabían qué enseñar, pero otros no han tenido esa ventaja. Hemos sido afectados por todos los defectos de la cultura en que nacimos y las fascinaciones hipnóticas nos lanzan hacia el mundo, lejos de la realidad.

Debemos buscar un espacio abierto donde empezar esta aventura hacia la verdad, a descubrir quién y cuál es la verdad dentro de nosotros. Comenzamos buscando un estado de paz, un lugar tranquilo dentro de nosotros mismos. Una vez que establezcamos una sensación de serenidad podremos buscar el conocimiento apropiado, pero si permanecemos inquietos, frenéticos u obsesionados no podremos comenzar, las fuerzas que nos rodean tienen demasiado control. Una vez que nos desahogamos, eliminamos la influencia de esas fuerzas y empezamos a aprender cosas básicas, lo que es correcto, lo que está mal y adquirimos la capacidad de ser testigos de si lo que estamos haciendo está bien o mal.

Este es el comienzo de una purificación que descarta lo inadecuado y acepta lo apropiado; es un proceso de cambio interno lento porque nos hemos pasado la vida tratando de eludirlo. Esto es como perder peso, si nos tardamos quince años para ganar gran volumen, no lo vamos a perder en pocos días, no podremos descartar súbitamente lo acumulado en mucho tiempo.

Esto significa que hay ciertas cualidades para desarrollar, pero tenemos que ser pacientes, mientras pasamos por el proceso de purificación. Cuando aprendemos algo acerca de lo correcto e incorrecto, el proceso se hace más natural.

Tenemos las escrituras, libros proféticos que nos indican la conducta adecuada. Necesitamos leerlos, aceptar su guía, incorporar sus preceptos a nuestras vidas. Ellos no son cosas inertes, tenemos que darle vida a sus palabras para ponerlas en acción; estarán muertos si no lo hacemos así. Si hemos aprendido de memoria un libro sin llegar a ser el contenido de lo que memorizamos, somos un libro muerto cuando tenemos que ser un libro vivo del mensaje divino. En primer lugar tenemos que saber cómo actuar correctamente, entonces tenemos que utilizar las acciones que nos pueden mostrar cómo saber quiénes somos.

En este paso es cuando realmente comenzamos a ser testigos de nosotros mismos, de que estamos haciendo cosas que son apropiadas. Al reconocer lo apropiado podremos hacer mayores mejoras, y la purificación se hace más instintiva una vez que hemos aprendido los principios básicos de lo correcto y lo incorrecto. Cuando se desarrolla la conciencia que nos dirige hacia lo bueno y nos aleja de lo malo, por el hecho de que conozcamos esa diferencia entre el bien y el mal, no quiere decir que siempre vamos a hacer lo correcto. Pero ahora, al menos, hemos llegado al punto en que sabemos lo que está bien y lo qué está mal y estaremos listos a dar el siguiente paso: elegir lo correcto.

Al principio es una cuestión de voluntad, de lucha contra nosotros mismos para obligarnos a hacer lo correcto. Hay tantas inclinaciones hacia lo inapropiado: el orgullo, la arrogancia, el ego, la ira, la legítima defensa y todos ofrecen argumentos persuasivos para que hagamos lo que no es correcto. Ahora sabemos lo que es lo correcto y si tenemos la capacidad de ser testigos de nosotros mismos, cuando llegue el momento de la elección, con la ayuda de Dios vamos a tomar la decisión apropiada. Si nuestro ser purificado está allí cuando se toma una decisión, plenamente consciente, plenamente testimonial y lleno de conocimiento, hay una mejor oportunidad de tomar la decisión correcta. Esto es difícil, no podemos dormirnos, no podemos tener momentos cuando dejemos de ser testigos para tratar de no ver, para evitar ser conscientes de lo que estamos haciendo. No podemos buscar excusas para lo que deseamos hacer y dejar de realizarlo. Se necesita mucho tiempo para adquirir este control de uno mismo, mucho tiempo para desarrollarlo. ¿Estamos realmente dispuestos a hacerlo, y si es así, ¿estamos preparados

para aceptar lo que se necesita? Podemos optar por hacerlo o no, la elección depende de nuestra inclinación en el momento. Durante cada día tenemos tendencias tanto apropiadas como inapropiadas. ¿Las vemos y nos señalamos a nosotros mismos? ¿Podemos entender que cuando estas surgen debemos atarlos y ponerlas lejos o en cambio nos dejamos llevar por ellas? La mente nunca se detiene, no tiene una consciencia. Nuestra consciencia superior si lo hace.

No debemos confundirnos a nosotros mismos con nuestra mente; los pensamientos inapropiados no crean un ser inadecuado. No debemos confundir nuestros pensamientos con nuestra esencia, ni la mente con la realidad. Debemos evitar juzgarnos a nosotros mismos sobre la base de nuestros pensamientos; debemos juzgarnos por nuestras reacciones a ellos. ¿Ponemos a un lado los inapropiados, ¿podemos ignorarlos y separarnos de ellos? ¿Reconocemos que no nos pertenecen y que son el producto de las malas las influencias que tratan impedirnos buscar la verdad?

No nos confundamos acerca de lo que somos; somos el acto final. Ello está determinado por decisión apropiada o inapropiada que tomemos, no sólo por el proceso que decisión. Sin embargo, llegamos a cumplir una función dentro proceso decisorio; si decidimos inapropiadamente somos inapropiados, si decidimos apropiadamente somos apropiados. Ambos opciones están disponibles, ¿cuál elegimos, cuán fuerte es nuestra voluntad de mantenernos en el camino correcto? ¿Qué tan importante es ser testigos de nosotros mismos, conocernos y conocer a nuestro Señor?

Hay millones de obsesiones mundanas sin remedio, hay una

obsesión que si lo tiene: la obsesión de conocer a nuestro Señor. Si de verdad nos aferramos a ella tendremos una recompensa que no pertenece a este mundo. Dios nos puede conceder todo, hasta las cosas más alejadas de la imaginación, pero el mundo sólo ofrece lo que es mentira. Nuestro enfoque debe estar comprometido, nuestro entendimiento debe ser real, no podemos permitir que nuestros pensamientos sean influenciados por las mentiras. Tenemos que ser honestos con nosotros mismos, profundamente honesto con la forma de ver las cosas.

En esa profundidad hay una gran alegría, nada morboso o sin sentido del humor sino una gran alegría en esa realidad. La recompensa está en acercarnos a Dios, una alegría más allá de lo que nuestra mente puede imaginar. La mente no lo permite porque para ella es imposible comprender, entonces simplemente nos dice que esto o aquello no existe. Pero sí existe, existe en un éxtasis que no pertenece a la mente y del cual ella no puede participar; sin embargo, nuestro propio ser, purificado, si lo consigue. Está disponible para cualquier persona que opte por ir allí. Nos corresponde a nosotros tomar esa decisión.

Que Dios lo haga más fácil para nosotros

CAPITULO CUATRO

Para entenderlo y embarcarnos en el camino de la mística tenemos que ser sutiles, muy sutiles. Estar en contacto con lo que hacemos y saber qué nos lleva a hacerlo. Entender los motivos que subyacen en nuestras intenciones y acciones.

CAPITULO CUATRO

El Misticismo

El Misticismo es el estudio del gran misterio, de lo que somos y por qué somos lo que somos. Esto es lo que postula Ibn Arabi cuando declara que para conocer a nuestro Señor debemos conocernos a nosotros mismos. Hay un principio Sufí que dice que el viaje al corazón es el misterio y que con el conocimiento verdadero e íntimo de nosotros mismos podremos adquirir el conocimiento acerca del Creador y entrar en íntima comunicación con Él. Sin embargo, para conocernos a nosotros mismos tenemos que enfocarnos en una dirección específica. El mundo en que vivimos y nuestras interacciones con los demás son murallas, obstáculos que nos impiden saber quiénes somos. Parte del viaje consiste en la comprensión de los estorbos que se cruzan en el camino.

Si conducimos por una carretera con baches debemos evitarlos; parte de nuestro viaje es la comprensión de los baches que encontramos. Cuando no nos damos cuenta que existen y seguimos de todos modos, puede ser que creamos estar haciendo progresos, pero luego se nos rompe un eje. Podríamos tratar de seguir hasta que se produzca algún accidente y a continuación, al igual que un coche que no se puede mover en esas condiciones, estaremos fuera del camino, pensando que todavía estamos en él Esto sugiere que requerimos de un marco regulador para gobernar, nuestro comportamiento, o de lo contrario no podremos evitar los obstáculos que perjudican nuestra capacidad de avanzar. Hay que comprender de la naturaleza de los baches y de las cosas que pueden distorsionar nuestra intención, o incluso paralizarnos, debe ser nuestra realidad. Y debe ser un entendimiento activo, no meros conceptos adjuntos a la imaginación, lo cual es algo muy diferente.

Muchas personas se ven a sí mismas como una maravilla aunque no lo son y piensan que hacen cosas maravillosas a pesar de que no lo consiguen. La capacidad para evaluar nuestra conducta es crítica y cuando buscamos racionalizarla, para hacer que parezca positiva ante nosotros mismos, lo único que conseguimos es perpetuar la ilusión. El camino místico se cierra por falta de sinceridad, lo que veces puede provenir de una negativa o la incapacidad para encontrar faltas en nosotros mismos. Si estuviéramos perfectamente conectados a la verdad, no necesitaríamos esforzamos por llegar perfección, que es la verdad. Una vez que reconozcamos esa necesidad nos daremos cuenta de que algunas cosas tienen que cambiar, que debe haber una transformación.

El cambio es difícil porque estamos más que habituados a nuestro estilo de vida, somos adictos a ella, sentimos que no podemos vivir de otra manera. Si estamos en una posición de poder, no podemos renunciar al poder, si estamos en una posición de riqueza no podemos renunciar a ella. Sea cual fuere nuestra posición, nuestro estado, una vez que lo consideremos positivo nos cuesta renunciar a ello. Incluso la cárcel puede ser cómoda para algunos, una ilusión que puede darles confort temporal, Todos tenemos celdas doradas en la cárcel en el mundo tales como la riqueza, el poder, el placer sensual, las relaciones, la fama etc. Y le atribuimos valor a este dorado, tan ajeno a la posible falta de congruencia de la alegría y la tristeza. Tenemos las Escrituras para ayudarnos a entender la realidad. Tomemos la historia de Job, cuando Satanás habla con Dios en el cielo, "Tu seguidor lo tiene todo". Dios responde: "Es uno de mis siervos más devotos. Él no me abandonaría bajo ninguna circunstancia". Satanás replica, "Él es tuyo porque diste riquezas, una esposa e hijos, tierra, todo; si se lo quitaras dejaría de creer en ti". A continuación, cuatro mensajeros llegaron a Job, uno de Oriente, uno de Occidente, uno del Norte y otro del Sur, trayendo la noticia de que todo en su mundo había sido destruido. Ahora Job ya no tenía nada, solo su fe y comprensión de la realidad, que permaneció inquebrantable, activa sin sentir dolor por la pérdida mundana. Los que tenían puntos de vista y una perspectiva diferente aceptando un escenario terrenal, se burlaron de él, pero su fe era fuerte aun ante esas dificultades.

Desde el punto de vista de Job lo que sucede en el mundo no es lo que está realmente pasando, lo único cierto es su relación con Dios. Lo que vemos es tan sólo una manifestación temporal sin ninguna relación con la realidad en nuestra alma eterna, que funciona más allá de este campo del mundo en el que sólo actuamos.

Porque Nuestras vidas son como una obras de teatro que tenemos que dejar atrás para encontrar el lugar en el que nos conectamos a la realidad de la existencia. Si trabajamos muy duro en la actuación, si las cosas que suceden en ella se convierten en nuestras prioridades, no tendremos tiempo para la realidad. Lo superficial, lo temporal, lo físico, todo aquello de lo que los sentidos se ocupan, se convierte en nuestra existencia; nos convencemos de ella consiste solo en eso. Un místico deja el mundo y esas creencias atrás. No podemos avanzar si ellas nos frenan, se convierten en un muro que nos separa de la realidad. Si tenemos un apego muy arraigado al mundo, este puede bloquearnos y es posible que no seamos capaces de enfrentarnos a la verdad. Este apego no es algo sobre lo cual tengamos que convencer a alguien más, a quien tenemos que convencer es que convencer es a nosotros mismos.

La duplicidad que se da en el mundo no funciona en este camino, no puede. Nuestro único propósito debe ser unificarnos con la realidad la duplicidad trabaja en contravía; la invocación es una verdad paralela, como si no hubiera otra cosa conectada a la realidad más no existe una realidad. La realidad es única. Exclusiva. Solo una. Si creemos que una determinada religión es la única que tiene la capacidad de tocar la realidad, nuestros propios pensamientos nos impiden entender la unicidad de la existencia.

Si creemos que hay un Dios que sólo está disponible para algunos de nosotros, negamos la realidad de Dios. Para comprender e iniciar el camino de la mística tenemos que ser sutiles, muy sutiles.

Entrar en contacto con lo que nos lleva a cumplir lo que hacemos; comprender los motivos subyacentes, nuestras cualidades, la determinación de nuestras propias acciones, nuestras intenciones. Estas son la raíz de todo. Si tenemos la intención de obtener dinero, haremos cualquier cosa, lo que sea, s para adquirirlo; es decir que puede lanzarnos a un lugar oscuro. Por ejemplo, si trabajamos para una organización religiosa, en proyectos aparentemente buenos y lo hacemos con orgullo y vanidad, buscando reconocimiento y poder, a pesar de que hay una buena apariencia, nuestro crecimiento interior será imposible porque la intención es imperfecta y ella es, precisamente, la encargada de allanar el camino hacia donde nos proponíamos ir. Debemos ser capaces de mirar de manera profunda dentro de nosotros mismos, para analizar esa circunstancia.

Cuando la gente habla de misticismo que a menudo piensa en él como un viaje astral, como el poder sobre los demás o la capacidad de conjurar las cosas, pero no es nada de eso. La mística es la posibilidad de anular todas las fascinaciones hipnóticas del mundo y adquirir la capacidad de estar en contacto con esa parte de nosotros unida a lo que nos ha creado, más allá de nuestra manifestación temporal. El misticismo conlleva, integrada a nuestra existencia, la creencia sistemática de que este mundo es temporal. Vivimos la vida como una manifestación temporal, creyendo que hay algo más grande, algo más allá que no se ve. Tenemos que liberarnos de tal percepción sensorial, reconociendo que no podemos dar fe a lo que oímos y vemos. Esto es difícil; la mayoría de nosotros dependemos de lo que oímos o vemos, pero para viajar por el camino correcto debemos renunciar a esta creencia.

La física cuántica reconoce que no siempre podemos creer lo que oímos y vemos, y advierte que los acontecimientos que no se pueden predecir ni entender a nivel subatómico, también están en la superficie. Tenemos que entender la física de partículas energéticas pequeñísimas, y aunque parece haber mayor identidad con objetos más grandes, se manifiesta también a nivel subatómico, en el núcleo de lo que creemos predecible. Un místico entiende esto muy bien, no toma nada por sentado, cree en la posibilidad de los milagros y sabe que todo lo que entendemos puede desaparecer y lo que nos es entrañable puede ser transformado por nuestro Creador, con su intención. Tener esta profunda convicción es difícil, hemos de renunciar a nuestro sentido de la coherencia y estar cómodos con las inconsistencias, con no saber, no poder predecir lo que sucederá después. Estaremos abiertos a lo que se nos concede, para sorprendernos por un nuevo entendimiento. La capacidad de permanecer en un lugar donde no imaginamos ni inventamos el futuro, sino que aceptamos lo que venga; este es el punto de partida que debemos acoger dentro de nosotros mismos.

El Islam nos ofrece una manera de definir la realidad, con los nombres de Dios y la descripción de sus atributos en acción. Se nos ha dicho que somos creados a imagen de Dios, pero Dios no tiene imagen y no podemos reducirlo a eso; sin embargo, podemos saber que existen Sus atributos como aspectos de su poder; si los desarrollamos dentro de nosotros, donde también existen, se convierten en lo más importantes en nuestras vidas, ya que existen más allá de la creación que vemos y oímos, no están hechos de materia física. El amor tiene una enorme influencia y poder para lograr cosas increíbles, pero no podemos pesarlo, medirlo o cuantificarlo. Podemos intención amor, una intención que produce un gran cambio en el mundo. El amor es nuestro estado de bienestar que puede producir grandes cambios.

Para ser un recipiente del amor hemos de actuar siempre con él o se corroerá si hacemos lo opuesto. Dentro de nosotros actúan fuerzas contrarias que como el ácido; la ira es ácida, los celos son ácidos, la terquedad es ácida, la ambición de poder es ácida; todos estos ácidos destruyen el recipiente del amor. Que los opuestos no coexisten es algo para recordar cuando nos encontremos en el estado de los opuestos del amor, por estar apresurados, enojados, resentidos o celosos. A pesar de que podemos sentirnos justificados, eso no hace ninguna diferencia, somos ese recipiente y como portamos el ácido del resentimiento este nos corroe. Lo mismo ocurre con la ira, que nos quema, a pesar de que creamos ella hará cambiar, para mejorar a otras personas. No podemos rectificar cualquier cosa con ira o celos, porque esos son baches en nuestro mundo. Una vez que justificamos esos sentimientos, esas emociones, creamos los obstáculos que rompen nuestro propio eje. Los atributos que nos permitimos experimentar bien pueden estar en contacto con la realidad o con la ilusión.

Si queremos conocer a Dios, quien nos ha creado, tenemos que ser más como Él. A medida que avanzamos por el camino, y nos acercamos a Dios, nos aproximamos a la explicación de los misterios de Dios. La recompensa de llegar a ser más como el Dios que nos creó, es llegar a vivir dentro de sus cualidades y ese es el premio final. Mientras estemos buscando recompensas del mundo, estaremos en conflicto con nosotros mismos. Cuando ese conflicto desaparezca estaremos de verdad en el camino verdadero, porque, hemos dado pasos en la ruta hacia la realidad.

Que Dios nos guíe en ese derrotero.

CAPITULO CINCO

A medida que nos volvemos sensibles a los demás nos volvemos sensibles a lo Que que saber para conocer a nuestro Señor, nuestro Dios? Tenemos que conocernos a nosotros mismos. ¿Cómo empezamos a hacer eso? Al conocer a otros. Si no podemos conocer a los demás no podemos conocernos a nosotros mismos, si no podemos conocernos a nosotros mismos, no podremos conocer a los demás. Si no podemos conocer a los demás y a nosotros no podremos conocer a Dios.

CAPITULO CINCO

Adquirir Sensibilidad

Para entender la realidad tenemos que ser sensibles con toda la humanidad porque sin esa condición no franquearemos las puertas de entrada a la realidad. A menos que tengamos empatía con los demás, que nos permita apreciar su estado, no podremos entrar en la realidad. Si nos separamos de los demás, si los vemos como diferentes, cerraremos la puerta, creando un velo que nos separa de ella.

Cada encuentro con otra de las criaturas de Dios es una prueba de cómo lo estamos haciendo. Tenemos que saber esto, ser conscientes de ello; entonces nuestros encuentros serán diferentes; cuando conozcamos a alguien la interacción será diferente por incluir una intención positiva; estaremos conscientes de nuestro comportamiento, conectado a la capacidad de entrar en la realidad. Nuestro comportamiento debe ser apropiado o estaremos cerrando la puerta.

Siempre debemos estar conscientes de eso, ya sea que estemos abriendo o cerrando puertas todo el tiempo, es nuestra elección hacerlo. Si queremos entrenarnos para ser sensibles hemos de reconocer nuestras reacciones, saber como son y estar conscientes de lo que esté pasando dentro de nosotros. Si nuestras reacciones son negativas y culpamos a otros por eso, es como si cerráramos las puertas. Debemos controlar nuestras emociones, nuestro estado, aprender a enfocarnos en ese control. Si no lo hacemos seremos como la pelota en una 45máquina de pin-ball, que rebota de lado a lado, dando vueltas y vueltas, sin rumbo ni propósito. Sin embargo, Dios nos ha

dado la dirección hacia la intención de Él. Esto es lo que debemos cultivar, dejar madurar dentro de nosotros. Si desarrollamos esta actitud nuestra experiencia se expande, se acentúa como nuestras interacciones y se vuelven significativas, relevantes.

Cuando elevamos nuestra comprensión a la existencia, conscientes de que esto es lo que se trata la vida, conscientes de lo que puede ocurrir todo el tiempo, reconocemos que nuestras interacciones con el mundo son intérpretes de la existencia de Dios. Ahora nuestra vida es diferente, ya no estamos aburridos, sin expectativas; entendemos que todo lo que pasa es la oportunidad para ir a nueva profundidad y abrir puertas. Este paso nos lleva a una estación no transitoria. Con la intención de conocer a Dios establecida de manera firme, ningún acto es insignificante ni nadie es insignificante.

Con esta nueva intención nos movemos más allá del mundo alto y bajo, compuesto de la realidad física exterior. En ese mundo nuestras interacciones se marcadas con una idea inmodificable. Una vez nos quitamos esas ideas preconcebidas, esa versión mundana de lo que es importante, entendemos que todo tiene peso, que todo es importante, que en cada momento puede darse nuestra entrada a la realidad. Sabemos que todo cambia, lo entendemos ahora y aquí, comprendemos la enormidad de este reconocimiento, porque en él cumplimos la razón de nuestra creación. Llegamos a ser grande en el sentido de que nos estamos convirtiendo en verdaderos seres humanos y concebimos la grandeza de todo y de todos a nuestro alrededor.

Esta es la razón por la cual hemos de ser sensibles, y sentir empatía hacia el dolor ajeno, sentir el hambre de los demás, comprender su estado, su naturaleza. Eso es lo que siente un verdadero ser humano, lo que hace de él un verdadero ser humano. Si no podemos lograrlo, encontraremos fuera de la realidad, lejos de la verdad, hemos cerrado la puerta, nos hemos encerrado a nosotros mismos. Lo que me separa de ti me separa de Dios, lo que me separa de ti me separa de la realidad. Sigue repitiendo y comprendiendo este principio que es una verdad absoluta.

O nos acercamos a la gente, sintiendo que es más fácil estar y siendo más compasivos con ella o nos ocurrirá lo contrario. O nos vamos hacia la verdad o nos alejamos de ella; una de las dos situaciones se dará.

Si estamos entrenándonos para ser sensibles sabremos cuál las anteriores situaciones está ocurriendo en cada momento, y seremos sensibles a ella. A medida que nos volvemos sensibles a los demás nos volvemos sensibles a lo que somos. ¿Qué tenemos que saber para conocer a nuestro Señor, a nuestro Dios? Conocernos a nosotros mismos. ¿Cómo empezamos a hacerlo? Conociendo a otros. Si no podemos conocer a los demás no podremos conocernos a nosotros mismos, si no podemos conocernos a nosotros mismos, no podremos conocer a los demás. Si no podemos conocer a los demás y a nosotros mismos no podemos conocer a Dios

Estos principios básicos son ignorados por la mayoría del mundo que cree en otras cosas, como gobierno o autoridad desenfrenada para tener cosas tienen sentido o trabajo. Cuando las personas se relacionan entre sí, cuando se preocupan por los demás y son sensibles unas a las otras, las cosas funcionan. Si los problemas del mundo han de ser resueltos, los que tenemos con otros deben tener prioridad. Esto sucede con cada persona a la vez, con un corazón a la vez, con un alma a la vez. Como las almas y los corazones se conectan y se vuelven sensibles mutuamente, esta regla de oro es una forma de vida que cambia la perspectiva del mundo.

He aquí una pequeña historia sobre eso. Un abuelo que había haciendo regalos a su nieta cada semana le dio una taza de tierra. Ella lo amaba mucho, pero estaba un poco decepcionado con ese presente. Él dijo: "No debes estar decepcionada, sólo hay que poner un poco de agua en el vaso todos los días." Ella lo hizo y pasó una semana. Cuando nada ocurrió ella se puso más molesta y cuando estaba a punto de botarla a la basura su abuelo le dijo: "No la tires, sólo sigue poniéndole agua." Como ella lo amaba accedió a seguir su recomendación. Después de tres semanas un pequeño brote verde se emergió. Ella preguntó: "¿Esto sucedió debido al agua.

Él respondió: "No, sucedió porque tuviste fe". Tenemos que creer en nuestro entrenamiento en la sensibilidad y permanecer en él,; no hay que darse por vencido, el nuevo brote aparecerá. Nosotros somos ese brote; renaceremos, pero tenemos que ser fieles regándolo con nuestra fe, con nuestra intención

Intención y nuestra determinación; los instrumentos para lograrlo nos han sido dados. Los resultados están en las manos de Dios; el renuevo no aparecerá de acuerdo con nuestra concepción del tiempo; no sucederá en el segundo o el tercer día sino cuando Dios permita que ello suceda.

Veremos si somos fieles en el camino a Él; si somos devotos, si nos quedamos en el lugar, entendiendo que todo lo que ha sido puesto a nuestra disposición, está ahí por una razón, todo en nuestra vida ayudará a nuestro crecimiento, dándonos la oportunidad de llegar a ser más sensibles y actuar de manera apropiada.

A pesar de que una carretera aparenta tener muchas y pronunciadas curvas, podría ser que no la estuviéramos apreciando correctamente. A medida que nos acercamos a ella y la no veremos esas pequeñas curvas.

Que Dios nos ponga en el camino correcto y verdadero. Que su intención para nosotros sea cumplida. "

CAPITULO SEIS

No necesitamos hacer un esfuerzo para caer, .más si para levantarnos. Mientras no nos demos cuenta que hemos caído, no encontraremos una razón para incorporarnos.

CAPITULO SEIS

Toboganes y Escaleras

Hay una gran diferencia entre un tobogán y una escalera, descender es fácil, no exige esfuerzo alguno. Nos situamos en él y antes de que sepamos lo que pasó, estaremos en la parte inferior. En una escalera es un paso a la vez, lentamente, para llegar a la siguiente etapa. Nuestras vidas son así; nuestro estado puede cambiar rápidamente, la cosa más pequeña nos pone en marcha. Caemos en un tobogán descendemos a un estado inferior en segundos. Salir de ese estado es otra cosa, no podemos hacerlo en cuestión de segundos, ni simplemente subir y regresar al punto de partida. No funciona de esa manera, podemos descender pero para escalar se requiere un gran esfuerzo. Necesitaremos una escalera para arrastramos fuera del agujero.

No se necesita ningún esfuerzo para caer, más para levantarnos debemos hacer un esfuerzo. Mientras no nos demos cuenta de que hemos caído, no encontraremos razón para subir. La experiencia de caer ocurre tan rápido, el cambio de estado es tan intenso, tan rápido, que no siempre lo detectamos de inmediato. A veces la gente puede estar en un agujero por largo tiempo antes de darse cuenta dónde se encuentra y reconocer que ha descendido y debe subir. Cuando caemos, ciertas cosas acompañan esos estados bajos, adquirimos un cierto letargo que nubla nuestra capacidad para funcionar. Cualquier estado inferior, como arrogancia, ira, celos, resentimiento, separaciones, todos vienen con aletargamiento, sin el cual no aceptaríamos permanecer allí, sabríamos que algo está mal. Ese letargo nubla nuestra visión.

Cuando llegue ese sopor lo encontramos aceptable mantenernos en ese estado inferior porque nuestra visión está nublada, no podemos ver muy lejos, caminamos ciegos, lo que nos impide reconocer la topografía de nuestra situación, las cosas están ocultas y estamos en riesgo de caer aún más, porque no vemos hacia dónde vamos. De hecho, nuestra conciencia se ha atenuado, el letargo la ha limitado. El tiempo que tardamos en darnos cuenta de que está en mal estado depende de la cantidad de trabajo que hemos hecho de nosotros mismos, la sensibilidad que tenemos con nosotros mismos. Debemos tener sensibilidad con nosotros antes de que podamos ser sensibles con los demás; si no lo somos con nosotros mismos, no podemos serlo con los demás. El tiempo que pasa entre la caída y la identificación de nuestro letargo, depende de nuestro grado de sensibilidad.

Cuando llega ese momento llega a nuestras vidas, estas penden de un hilo, porque debemos alejarnos de la torpeza, analizarnos, saber lo que está mal y decidir cambiar. Ahora todo esto es difícil porque depende de nuestra capacidad de auto análisis y la experiencia puede llegar a ser muy molesta. No nos gusta pensar en nosotros de una manera desagradable porque es una experiencia difícil de afrontar. Al ver las cosas malas que hemos hecho, nos sentimos culpables y como no nos gusta ese sentimiento de culpa, caemos de nuevo en el letargo. El resentimiento puede enmascarar a la culpa, los celos pueden enmascarar la culpa, la arrogancia y la ira también a la culpa.

Es una reacción natural del ser inferior, disfrazada con susurros de la conciencia que nos quiere llevar o mantener en esa situación inferior. Una vez que se haga el primer esfuerzo debe llegar el reconocimiento, seguido por la difícil acción de salir del agujero, lo que supone la escalada, el lento restablecimiento de un estado superior.

Significa que tenemos que cambiar nuestra forma de pensar, entrar en otro estado de consciencia. Todo el mundo es capaz de hacerlo, todo el mundo sabe lo que significa, sin embargo ¿cuán conscientes somos de la diferencia entre un estado de consciencia superior y uno inferior?, de la paz interior, de la magnanimidad de los estados superiores y del amor que tenemos en ellos?

Cuán dispuestos estamos a superar el yo inferior cuando hay partes de nosotros que disfrutan de los momentos más bajos, y partes de nosotros que disfrutan del letargo? El yo inferior revela bajos sentimientos de animosidad, la sensación de que yo soy mejor que usted, sentimientos de auto-importancia, que se ellos celebran porque hacen sentir importante a ese yo inferior.

Sí permitimos que tales sentimientos existan, otra caída estará cerca, muy cerca, y se descenderá más y más.

Esos sentimientos vienen en diferentes formas. Algunos en pares de opuestos. Hay quienes se deleitan con su propia superioridad y otros que se alimentan de su inferioridad, pero ambas son formas de letargo. Si nos sentamos en el grupo de la inferioridad, de sentir lástima por nosotros, o en uno de superioridad, celebrándonos a nosotros mismos, estaremos en un estado de sopor, no importa cuál ni tiene nada que ver con la realidad. Esta es sólo una celebración o una tristeza del yo, donde nuestro enfoque está totalmente dirigido s nosotros mismos. Este es un estado de idolatría basada en el comportamiento egocéntrico en el que todo el mundo gira alrededor de nosotros, si somos increíblemente tristes o increíblemente felices.

Cuando las personas que se deleitan en sí mismos conocen a alguien más famoso, más poderoso, más rico o mejor que ellas, de alguna manera mundana se sumen en la autocompasión. Son las dos caras de la misma moneda, tanto sopor, tanto esfuerzo que se requiere para salir. Darse cuenta del esfuerzo necesario para escapar, de los patrones de pensamiento egocéntrico significa que vamos descendiendo por un tobogán; esta es la clave de nuestra comprensión. Si lo único que podemos pensar es en el lugar donde estamos, o lo que está pasando en nuestra vida, nuestro drama mundano, nuestra situación mundana, vamos en caída libre en un tobogán.

Nuestra conciencia debe moverse de ese enfoque en nosotros mismos a uno sobre nuestra relación con Dios. Cuando nos adentramos en esa alabanza de Dios empezamos a subir, a subir la escalera, pasamos del letargo de la autoconsciencia, a la gloria de la consciencia de Dios. La autoconsciencia conduce a todas las trampas propias, no con el propósito de conocer a Dios. Si el punto es auto conocerse para funcionar en el mundo, en vez de dirigirse a Dios, hemos perdido la verdadera razón para conocernos a nosotros mismos.

Los dos perspectivas están cerca, tan cerca que tenemos que ser cuidadosos de cómo nos movemos en este camino y darnos cuenta de la naturaleza de nuestra interacción con el auto. Tenemos que interactuar con nosotros mismos para conocernos, para acabar con las cosas que son falsas, unidas a nosotros pero que no son la realidad. Necesitamos conocer el ego para despojar los velos que nos esconden de la verdad. Por otro lado, si llegamos a conocernos a nosotros mismos para estar conscientes de todos esos velos que nos esconden la realidad, si pasamos nuestro tiempo explorando sus sutilezas y sus matices, estamos atrapados en el mundo donde funcionamos en los estados de letargo como si estuviéramos drogados. Están cerca uno del otro, tan cerca que tenemos que tener cuidado acerca de cómo nos movemos en este camino y darnos cuenta de la naturaleza de nuestra interacción con el ego. Tenemos que interactuar con nosotros mismos para conocernos, para rechazar las cosas que no unidas a nosotros que no son realidad. Necesitamos conocer el ego para despojarnos de los velos que nos ocultan la verdad. Si no lo hacemos, así si no llegamos a conocernos para despojarnos de los velos que nos esconden la realidad y si pasamos nuestro tiempo explorando las sutilezas de los mismos y sus matices, estaremos atrapados en el mundo, en el cual funcionamos en estado de letargo como si estuviéramos drogados.

Nos obnubilamos con patrones de pensamiento específicos, con la forma como percibimos que debemos ser. Estamos cegados en nuestras relaciones con los demás, con las mujeres, con los hombres, con el dinero, con la edad, el dolor, la enfermedad, la buena o mala salud y con miles de cosas más. Mientras no pensemos de nosotros mismos con relación a Dios estaremos estancados aletargados. Como pensar en nosotros mismos en relación con Dios nos hace crecer, ascendemos por la escalera, salimos de los agujeros donde nos hemos situado; y como pensar acerca de nosotros mismos en relación con Dios aumenta, pensando en las disminuciones del ego.

Este es el principio de la conciencia de Dios, el comienzo de la realización en Dios, porque pensar en Dios se convierte en parte de nuestro ser. Este es el pensamiento que necesitamos adquirir para avanzar por el nuevo camino; en verdad, Dios es la única realidad. Cuando llegamos a esta comprensión y nos quedamos en ella, podremos estar en ese lugar donde se respira Su perfección. Todas las deslizaderos y agujeros desaparecen, parece que caminando sobre el agua, no hay más trampas que nos hagan caer, las sobrepasamos. Y como podemos pasar por encima de ellas ya no nos afectan, nuestra realidad habrá cambiado, no estaremos sujetos a las leyes del mundo, porque precisamente con las nuevas ya estamos sujetos al anterior estado.

Este es el estado por el cual tenemos que luchar. Y ello significa comprender los obstáculos, dándose cuenta de lo que se interpone en nuestro camino y entender que las fuerzas oscuras siguen tratando de atraparnos, para hacernos caer a un agujero profundo. Tenemos que estar atentos, ser conscientes de las cosas que nos suceden para que cuando nos hundamos en un lugar oscuro reconozcamos que nos exigirá un gran para salir y que tendremos que estar preparados para acometer el esfuerzo, y enfocarnos en un solo punto en nuestro entendimiento. Se requiere este esfuerzo para detener el impulso que nos lleva en la dirección equivocada.

Tenemos que subir y parar, subir y parar subir y parar. S si queremos llegar a la cima. Cada vez que ascendemos unos pasos en una escalera, debemos recordar que hay otras escaleras para subir; no nos podemos detener, no podemos hacerlo. Es un esfuerzo que debe continuar día a día porque mientras estemos en este cuerpo, estaremos en peligro de deslizarnos.

Que Dios nos ayude a ser conscientes de nuestro propio estado, que Dios nos ayude a amar la consciencia que nos llega cuando estamos con Él. Que la conciencia de Él sea la conciencia que vivamos siempre.

CAPITULO SIETE

Para evocar a nuestro Creador tenemos que anhelarlo a Él como anhelamos el agua cuando nos desespera la sed. El anhelar nos lleva de nuevo a los recuerdos como la sed nos lleva al agua. Tenemos que trabajar en el desarrollo de ese anhelo para sentirlo todo el tiempo y conseguir que nos despierte un testigo interior que hable con nosotros.

CAPITULO SIETE

La Interpretación de la Gratitud

Diferentes personas observando la misma cosa ven imágenes diferentes. Un mecánico mirando el motor de un coche, diagnostica un problema, mientras que otra persona puede mirar y ver solo piezas y cables. Los sicólogos, reconocen que todos evaluamos las cosas de maneras diferentes y a veces utilizan el test de Rorschach para examinar lo que influye en la psique de sus pacientes. Cuando Ibn Arabi dijo que el mundo es un intérprete de Dios, quiso decir que vemos las cosas de manera diferente de acuerdo con nuestro estado o condición y nuestra capacidad de ver y entender. El poeta Walt Whitman, sin duda vio más que una brizna de hierba en una brizna de hierba.

Se habla de un derviche que escuchó un vendedor callejero de pepinos y calabazas gritando: "Aquí está lo más dulce, lo más dulce que existe" y el derviche entro en éxtasis. Algunos vieron pepinos, otros vieron calabazas, pero él vio la santidad y se desmayó. ¿Qué otra cosa, sino la santidad, es lo más dulce que existe? Lo que vemos y experimentamos depende de nuestro estado de ánimo y nuestra condición. Como reaccionaremos ante los fenómenos depende de nuestro estado interior. Para comprender los fenómenos deberemos empezar por entendernos a nosotros mismos y darnos cuenta de que las palabras pueden tener significados diferentes para distintas personas; por sí solas no lo son todo en una conversación o discurso. Cuando nos sentamos delante de un maestro iluminado, más que palabras, sale la vibración de su esencia.

Hay una historia acerca de Abdul Qādir al-Jīlānī que ilustra esto. Una vez se le hizo tarde para un discurso y su hijo empezó a hablar en su lugar, dando largas y profundas explicaciones de los textos Coránicos. A pesar de que sus palabras tenían profundidad y visión, las personas se estaban quedando dormidas. Cuando Abdul Qādir al-Jīlānī llegó, explicó que lo hacía tarde porque su gato había derramado la leche que había calentado para sí mismo. Todas las personas congregadas comenzaron a llorar, aunque él sólo estaba hablando de la leche derramada por el gato la gente lloró, porque Abdul Qādir al-Jīlānī llevó la situación a otro nivel, hasta el éxtasis en todo lo que habló, afectando así a todos los presentes; elevó el espíritu de la gente y le hizo ver todo era posible. La condición de Abdul Qādir Qādir dul Qa fue tan exaltada que todo el mundo se acercó más a la realidad, ante su presencia. Fue una fuerza que estableció tan poderosa vibración, que todo a su alrededor entro en sintonía con él.

Un ser verdaderamente santificado nos permitirá gustar otro estado a través de su vibración. Cuando habla no sólo usa palabras, su resonancia nos transporta. Las palabras vienen con oscilaciones santas, que llevan dentro no sólo su fonética o el lenguaje sino que transmiten su santidad. Incluso si no hablamos el mismo idioma podemos sentir esa resonancia. Alguien puede leer algunas palabras y no causar efecto en sus oyentes, mientras que otra persona, recitando las mismas palabras, logra conmover profundamente a su audiencia. Sabemos que cuando nos encontramos con un ser santificado por la divinidad, es posible que sin siquiera escucharlo, sin que pronuncie una sola palabra, su vibración resuene y evoque a Dios. En presencia de una divinidad conectada ocurre un fenómeno que nos acerca a la realidad, aunque puede que ello no sea evidente para el resto del mundo. El mundo es un intérprete de Dios, pero tenemos que estar en sintonía con la realidad para entenderlo.

Uno de los libros de Ibn 'Arabī's es Los Engastes de la Sabiduría. Un engaste, el pequeño soporte que sostiene una joya en su configuración, se usa para referirse a la conciencia de la sabiduría, a los estados de consciencia en ella, conocidos como la consciencia de Adán, de Noé, de Abraham, de Moisés y otros profetas, un estado de consciencia donde podemos entrar. Si nuestra consciencia es la consciencia de Abraham somos Abraham. ¿Abraham representa el cuerpo con el cual caminaba por el mundo alrededor o la consciencia de su estado? Debemos mirar el mundo de esta manera, recordando la santidad y la sacralidad de ellas en sí. Debemos recordarlas nosotros o permanecer entre aquellos que nos pueden ayudar a hacerlo, pero si no tenemos a nadie que nos ayude podemos acudir a los escritos para que ellos nos las recuerden. Si somos recordados debemos ser de los que causan la recordación, que invocamos el recuerdo y su la vibración. La conexión con la realidad es el recuerdo de la realidad; esa es la forma de encontrarla, la forma de convertirnos en parte de ella.

Si hemos sido bendecidos para conocer a alguien en ese estado constante de recordación de la realidad, del amor, podemos contemplar la diferencia entre esa persona y los que andan a la deriva, pasando de un estado a otro, del amor a la arrogancia, de la prisa, los celos y la ira al amor, a la compasión. Es evidente la diferencia.

Debemos aprender a centrarnos en lo que es apropiado, mantener ese enfoque y hallar las razones correctas para sostenerlo. No debemos ser como los que andan a la deriva. Necesitamos la intención correcta y una razón fuerte para superar todas las fuerzas que nos separan de nuestra intención. La fe absoluta, compuesta de certeza y determinación, nos da base para forjar la estructura que debemos construir dentro de nosotros mismos. Este fundamento en la fe debe ser muy fuerte para resistir los ataques contra ella, todas las dudas, todas las atracciones hipnotizantes del mundo. Este estado sufrirá embates y fluctuará, pero hemos de mantener nuestro anhelo, nuestra intención con positivismo para sobrevivir la presión de lo inapropiado, de los instintos animales de nuestro yo inferior, de los deseos egocéntricos dentro de cada uno de nosotros.

Dios es el aspecto no material de todo lo que existe. Está más allá de los átomos, sin forma, sin sustancia como la entendemos, pero entremezclada dentro de todo. Dios es un poder, la esencia que está entremezclada con todo, que no tiene principio ni fin, ni forma alguna y se encuentra mucho más allá de nuestra capacidad de comprender. Sin embargo, seguimos pidiendo pruebas, señales y milagros para llegar a creer. Cuando pedimos cosas creamos expectativas, estimulamos la imaginación, que no tiene nada que ver con la realidad, sino con la forma como pensamos. Expectativa e imaginación que nos pueden evitar ver lo que se muestra con toda claridad y la verificación de Su existencia. Como esperamos que Él se nos muestre en formas predeterminadas, echamos de menos las cosas simples que Él usa para revelarse a nosotros.

Para ayudarnos a entender esto se cuenta una historia acerca de Moisés cuando estaba en el monte Sinaí, para recibir los Diez Mandamientos de Dios y se encontraba distraído pensando en su esposa embarazada. Dios tuvo que pronunciar su nombre tres veces antes de que le respondiera; finalmente Moisés contestó y Dios le dijo: "Moisés, da vuelta a la roca que tienes frente a ti " Cuando lo hizo vio una rana, un par de hojas de hierba y unas gotas de agua. Dios le dijo: "Si me he tomado el trabajo de cuidar una pequeña rana, ¿no crees que voy a cuidar a tu esposa?" La comprensión de que todo está en su lugar, siempre, que cada cosa se mueve correcta, y ordenadamente, esa es la comprensión de la realidad. Lo que nos falta es nuestra capacidad de percibir esa perfección. ¿Pero cómo hacerlo ¿qué tenemos que cambiar en nosotros para descubrirla y entenderla. La falta no está en la creación, ni en Dios ni en que no haya una prueba disponible, sino en nuestra incapacidad para reconocer todo lo que se nos muestra, lo que se nos concede. Carecemos de la propiedad de ser agradecidos.

Cuando la adquiramos movidos por lo que vemos, oímos y se nos ha dado, se produce un cambio interior y mejora nuestra percepción. Sí apuramos un vaso de agua, agradecemos a Dios por haberla creado para saciar nuestra sed. Si vemos una cascada nos dice que tal abundancia de agua fue instituida para saciar la sed de la creación. Un trigal nos ayuda a entender que Dios lo creó como alimento para nosotros; no sufrimos hambre porque nos sostiene Su creación. Reconocemos la fragilidad de la existencia y entendemos cuantas cosas han sido puestas en marcha para mantenernos, sanos.

Una vez que nos damos cuenta de esto, ¿cuál deberá ser el

estado de gratitud para esa realización? ¿Es ella suficiente para probar la existencia de Dios y para mostrar el alcance de nuestra interacción con Dios en la vida diaria? ¿Todavía necesitamos señales de humo para anunciar que Dios existe, ¿no hemos visto acaso los milagros en cada día de la existencia, en todo lo que vemos y tocamos?

Entonces, si eso no es suficiente, pensemos en la forma como los sonidos se unen como el lenguaje que se convierte en una explicación. ¿De dónde viene el lenguaje, ¿de dónde las palabras? Si escuchamos Mandarín, sin conocer el idioma, no podremos entender sin un traductor lo nos exprese en palabras que sí comprendemos; si el intérprete es adecuado entenderemos la realidad. Debemos entonces convertirnos en nuestro propio intérprete, escuchar todas las maravillas que cantan alabanzas a Dios en todo momento, pregonando su gloria y su grandeza. Tenemos que llegar al estado correcto para ser esos testigos. Como registrábamos en la página 59, cuando un Derviche oyó el grito de un vendedor ambulante, "El más dulce que hay, el más dulce que hay", esa fue para él prueba de Dios y de su grandeza. Para otros significaba que alguien estaba vendiendo buenos pepinos.

El entendimiento depende de nuestro estado y del punto donde estemos y seamos capaces de recibir. No podemos ser como un pez buscando frenéticamente agua, tenemos que ser nuestros propios intérpretes para mantener el reconocimiento de la realidad. Tenemos que ser fervorosos, honestamente fervorosos, sin avergonzarnos de que la belleza de un árbol nos haga temblar. Una vez que lo entendemos tenemos que explicar nuestras vibraciones y ayudar a los demás diciéndoles que nos hemos convertido en la continuación de Dios. Todos nosotros fuimos creados con capacidad para vivir en la realidad. De alguna manera la forma correcta de lograrlo se ha perdido, pero a pesar de ello se revela todo lo que vemos, justo debajo de la superficie. Lo que ocurre en la profundidad de un océano no puede ser visto en la superficie, y sin embargo, tal cosa no significa que no exista. Está cerca muy cerca de nosotros.

Los grandes santos y los seres sagrados llegaron como

intérpretes de la realidad, y como ejemplos de ella. Y en su presencia la vida normal cambia, deja de ser mundana y rutinaria; nos encontramos en esa gloria, somos conscientes de ella gracias a un ser que es un recordatorio constante. Pero la mente es voluble; si no estamos sedientos nos olvidamos de la sed, si no tenemos hambre nos olvidamos del hambre, si no estamos cansados nos olvidamos del sueño, si nada nos duele no pensamos en el dolor, si nos alejamos de la realidad, ignoramos la realidad.

Para recordar a nuestro Creador tenemos que anhelarlo a Él como anhelamos el agua cuando estamos desesperados por la sed. El anhelo nos lleva de nuevo a la memoria como la sed nos lleva al agua. Tenemos que trabajar en el desarrollo de ese anhelo, debe ser algo que sintamos todo el tiempo. Debemos meditar, pensar en lo que nos falta y crear el anhelo que nos llevará en la dirección correcta. Este anhelo despertará un testimonio interior que nos hablará, que nos dirá como satisfacer ese anhelo y hacer ciertas cosas y evitar otras, saber la diferencia entre lo correcto y lo incorrecto. Si el anhelo es lo suficientemente fuerte, el impulso de hacer lo nos ayudará a hacer lo correcto y evitar lo que está mal. Necesitamos desarrollar un anhelo de Dios, un anhelo de la realidad, de la verdad.

A medida que Dios en su misericordia nos de agua, Él también nos dará a Él mismo.

Que Él lo haga así.

CAPITULO OCHO

*E*ste es nuestro desafío, para permanecer en un estado de amor, de forma consecuente. ¿Podemos dejar de racionalizar nuestra conducta como para entender que nuestra conexión con nuestro Creador es a través del amor, y que es más importante que cualquier situación mundana?

CAPITULO OCHO

La Regla del Amor

Hay dos partes en la ejecución del ritual, uno externo y otro interno. El segundo tiene formas y acciones específicas, que un observador puede ver, mientras que el interior no necesariamente se reconoce. Lo que ocurre internamente es entre nosotros y Dios, algo que sabemos y Dios lo sabe. En su mayor parte lo mantenemos para nosotros mismos, lo guardamos el de los demás. Aunque somos conscientes de nuestro propio estado interior, a menos que tengamos intimidad con otros, es difícil saber lo de ellos, aunque podría ser evidente a partir de una vibración que emanan o a partir de ciertas manifestaciones externas. El punto focal del misticismo es la calidad del estado interior y la comprensión del mismo. Si el estado interior no es correcto nada podrá ser correcto. Cuando en el interior es incorrecto, nada funcionará de manera correcta.

Hay una máxima en este camino y es que todo puede ser gobernado por el amor; una gran verdad así la aceptemos y la consideremos cierta o no. Nuestro estado interno determina si creemos que es verdad o no y cuan cerca nos encontramos de estar alineados con la realidad. La verdad es que todo puede ser gobernado por el amor es el manuscrito de lo que nuestras vidas, nuestra actitud, nuestras relaciones, y nuestro estado interior deben ser. Una vez que entendemos esto, una vez que vemos nuestro propio estado interior con la luz de esta verdad, tenemos una mejor idea de dónde estamos.

Cualquier apego al mundo hace difícil el mantenerse en

estado de amor y seguimos encontrando cosas que necesitan ser corregidas. Ese proceso nos aleja del amor, algo que racionalizamos insistiendo en que las cosas sólo pueden ser de la forma en que se supone que deben ser, a menos que reorganicemos todo lo que nos molesta. Esta irritabilidad puede provenir de lo más trivial a lo más importante, cada uno tan engañoso como el siguiente, sin interesar su nivel de importancia. Siempre encontramos una excusa para imponer nuestra versión de la realidad, y es esa insistencia en nuestra versión de la realidad a que nos aleja de la verdad.

Diferentes escrituras afirman que no hay coacción en la religión, Dios decidió hacernos a todos diferentes. Sin embargo, algunos insisten en que todos tenemos que ser iguales; el mundo no sería correcto si todo el mundo siguiera el mismo camino; etas personas están dispuestas a hacer todo lo necesario para llevar esto a cabo; existen en todas las religiones. La necesidad de controlar para que las cosas sucedan de una manera determinada, no se limita a la comprensión religiosa, que toca cada vida en una variedad de circunstancias. Pero tenemos una piedra de toque para calibrar nuestro estado, que es el estado de nuestro amor. Puesto que todo está gobernado por el amor, debemos comenzar a considerar cómo conducirnos porque lo que buscamos todos los días es más importante para nosotros que el amor.

Esta forma de pensar es evidente en diferentes ideologías. Por ejemplo, la doctrina comunista predica de cada cual según su capacidad y entonces tendremos una dictadura. Esto nos da derecho a matar a otros hasta que las cosas estén alineadas. Todos tenemos algún aspecto de esa dictadura, un estado de ánimo que es acepta no amar hasta estar alineados Eso es muy común; la excusa perfecta en cada situación, para justificar casi cualquier acto o pensamiento. Y si lo creemos pondremos a un lado el amor.

Pero la vida no es fácil y siempre habrá dificultades, pero este es el camino del amor, de la comprensión de que puede superar los obstáculos. Cuando pensamos que otros medios son necesarios, hemos perdido nuestra perspectiva, la capacidad de mantenernos en el camino. Esta ha sido una de las razones por la cuales los místicos se quedan fuera del gobierno lejos de los asuntos públicos y viviendo ocultos a la sociedad. Una vez que estemos muy involucrados en las cosas del mundo y demasiado comprometidos, aceptamos situaciones que a veces pueden convertirse en luchas de vida o muerte: o cambiamos nuestra manera, nuestras creencias, o corremos el riesgo de que nos corten la cabeza. Necesitamos aprenderá escapar, a mantenernos lejos del caos que hace que esas cosas ocurran.

A veces somos empujados a situaciones de caos. Hay una historia sobre esto. 'Ali, que era el yerno del profeta Mahoma, fue al combate, y estando a punto de matar al hombre con el que estaba luchando, este le escupió la cara. 'Ali dejó caer su espada, lo que causo asombro a su adversario: ";Qué pasó, por qué no me matas?"

Ali dijo, "Antes de que me escupieras estaba luchando por Dios, entonces me enojé. Hubiera luchado por mí mismo, no para Dios y eso está prohibido".

Esto es difícil de entender. Los que vivimos en este momento, en este lugar somos bendecidos, debemos agradecer a Dios que estemos en un lugar donde no tenemos que lidiar con ese tipo de guerra y sufrir persecución religiosa. Podemos permanecer en un estado de amor, alejarnos de la confrontación y cambiar nuestro entorno. Ese es nuestro reto, permanecer en un estado de amor constantemente. ¿Podemos dejar de racionalizar nuestra conducta lo suficiente como para saber que nuestra conexión con nuestro Creador debe ser a través del amor, y que esta conexión es más importante que cualquiera otra situación mundana? Si estar involucrados en las cosas del mundo significa perder nuestra conexión con Dios, esas situaciones pierden su importancia de manera absoluta. ¿Podemos hacer esta conexión con nuestra prioridad, o todavía pretendemos encontrar razones para otras formas de acción, para otros estados del ser? ¿Hemos santificado el amor lo suficiente para cancelar otros estados?

En este camino cada día es ese día, cada momento es ese momento; nuestras vidas deben integrarse con él porque todo lo que tenemos es el momento en sí. ¿Pueden ser todos los momentos? Elegimos la naturaleza de nuestras vidas a pesar de creer que las circunstancias nos empujan en una dirección determinada y que ello es bastante cierto, pero llega un momento en que tenemos que aceptar que sí, que nos han empujado, nos han moldeado, nos han formado, pero decidimos impedir que eso siga sucediendo, no responder a los fantasmas del pasado y vivir el momento, no los que se han ido y venido; elegimos cambiar. Este es el momento mesiánico cuando nuestras vidas se transforman, y nos convertimos en nuestros propios salvadores. En este camino cada día es el día, cada momento es el momento, nuestras vidas deben integrarse él momento, porque todo lo que tenemos es el momento en sí. ¿Puede ser ese momento cada momento? Elegimos la naturaleza de nuestras vidas a pesar de creer que las circunstancias nos empujan en una dirección determinada, lo que es cierto, pero llega un momento en que tenemos que decir sí, hemos sido presionados, nos han moldeado, nos han formado, pero decidimos impedir que eso siga ocurriendo, vamos a cambiar nuestro estado, y no responderemos a las incitaciones.

Tenemos que dar este paso, dejar que la gracia de Dios permita el imperio del amor en lugar de todo lo demás. Si todo se puede descartar por el amor que nos ha de gobernar, ese es el punto. Esto no es algo de ejercicio exterior, sino de nuestro estado interior, estamos gobernados por el amor.

Que este estado sea conocido por cada uno de nosotros.

CAPITULO NUEVE

Permanecer calmados es un trabajo duro; no hacer nada, en determinadas circunstancias es especialmente difícil. Tenemos que entender cuando es necesario actuar y cuando no; cada situación requiere esta comprensión.

CAPITULO NUEVE

El Equilibrio

Cuando yo era joven solía luchar y lo primero que se nos enseñó fue cómo pararnos, ser equilibrados. Si no se está en equilibrio, es fácil para alguien para empujarnos. El primer ejercicio era mecerse hacia adelante y hacia atrás sobre nuestros pies, en búsqueda de nuestro centro, en posición firme de pie, para no caernos al recibir algún impacto y ser capaces de mantener el equilibrio. A pesar de que nos creemos personas equilibradas mientras caminamos por ahí, no tenemos el balance necesario para soportar un encuentro pesado o un asalto imprevisto. Hay una diferencia entre el balance para caminar y el equilibrio que se requiere en esas circunstancias.

Del mismo modo, lo primero que necesitamos en este camino es el equilibrio, estar centrados, incluyendo la capacidad de enfrentarnos a un encuentro. Nuestro camino está en el mundo, no hemos elegido convertirnos en monjes ni un camino lejos del mundo que implique que no habrá encuentros ya que no sólo caminando por la calle podríamos experimentarlos como en la lucha libre, como en una batalla. Para sobrevivir necesitamos un gran equilibrio o caeremos

¿Cómo centrarnos entonces? Qué nos aleja del centro? ¿Por qué perdemos el equilibrio, qué crea nuestro centro, qué es un centro correcto o uno incorrecto? Para estar en paz es necesario estar centrado. Qué nos lleva lejos de nuestra paz, qué la destruye? Las reacciones emocionales pueden hacerlo; es difícil estar equilibrada si nuestra cara se está poniendo roja y estamos gritando.

Eso no es equilibrio. Ahora la pregunta es, ¿cómo esta emociones infiltra?, ¿cómo tomar el control de nosotros ¿cómo perdemos capacidad de comprender para hacer frente a la situación de una manera apropiada, ¿cómo sucedió esto?

¿Cuáles son nuestros desencadenantes individuales, que nos pone en marcha, ¿hay algo que podamos hacer? ¿Alguna forma de detener nuestras reacciones que nos dé tiempo antes de explotar? Uno de los instrumentos más agudos que tenemos es la lengua, que puede cortar en un instante; nuestras palabras pueden llegar a ser devastadoras. Hay una historia de la enseñanza de un hombre, que acostumbraba mantener una piedra en la boca, que tenía que sacarse antes de hablar. Esto significaba que evitaba las reacciones inmediatas y ponía un freno a sus palabras hasta que podía confiar en su equilibrio. ¿Estamos dispuestos a confiar en nuestro equilibrio?, ¿tenemos una reacción equilibrada, estamos preparados? Necesitamos saber la respuesta y ser completamente honestos al respecto. ¿Queremos llegar a ser la clase de personas que pueden probar la eternidad, o no? Si lo hacemos, deberemos ser radicalmente honestos como nunca antes para hacer frente a esos aspectos de nosotros que son menos que no son ejemplares, pero no podemos tener miedo de mirar.

Si pensamos que somos importantes, tenemos que romper esa muralla de la autoestima para ver que hay. Si ella es tan marcada que nos indignamos cuando se lastima nuestro sentido del honor o el orgullo, ¿cómo podremos mirarnos a nosotros mismos? No estamos hablando de lo que otras personas dicen, estamos hablando acerca de lo que nos decimos a nosotros mismos, lo que pensamos acerca de nosotros, lo que sabemos acerca de nosotros mismos; si nos negamos a mirar nunca podremos vers. En cierto sentido existe un cierto punto en el que nos creamos a nosotros mismos. Esto significa que tenemos que saber quiénes somos, eliminar algunas cosas y estimular para que vengan a nuestra existencia.

Todo esto se produce con la ayuda de Dios, con la humildad, en un estado de oración, un estado de gracia, un estado de súplica.

Debemos iniciar el proceso y seguir comprometidos con él. Los grandes maestros nos dicen que nos pueden mostrar el camino, nos facilitan un espejo, sus ejemplos, pero tenemos que hacer el trabajo real, no lo pueden hacer por nosotros, tenemos que realizar nuestros propios esfuerzos activos, profundos, comparándolos con la entrega del hijo de Abraham cuando el sacrificio de su vida parecía ser demandado. Él estaba listo para ser sacrificado, cortado abierto, en un tipo de rendición. Cuando vamos donde un maestro que puede

ayudarnos, tenemos que permitir que nos haga la cirugía, quedarnos quietos, en estado de equilibrio, sin reaccionar. Esto no es fácil debido a las ideas que tenemos de lo que somos. Sostenemos esas ideas de como un sacramento.

En gran parte del mundo, al orgullo y al honor se les reverencia en tal grado que no pueden ser violados. Algunos están dispuestos a matar si su orgullo o su honor llegan a ser violados. ¿Por qué insistimos tanto en el respeto, por qué no podemos manejar su transgresión, ¿qué daño hace una falta de respeto?, ¿qué nos hacen ciertas palabras?

Hay muchas historias de chismes que nos enseñan sobre el efecto que ciertas palabras ejercen sobre nosotros. Un hombre llegó a su juicio final con buenas acciones en su nombre de las cuales no era responsable, porque no las realizó. Cuando se le preguntó acerca de ello, dijo que la gente lo había calumniado y mentido sobre él y que por ello las buenas acciones de sus detractores le habían sido otorgadas a él.

Debemos entender la naturaleza sutil de la justicia cuando hablamos de Dios y de la verdad y aprendemos a entender estas cosas. Un gran maestro, difamado en varias ocasiones por un cierto individuo, lo encontró en la calle un día y le obsequió con cincuenta rupias, una gran cantidad de dinero en ese momento. Explicó que lo hizo porque la gente que nos calumnia asume nuestro karma, nos lo elimina si dice cosas malas acerca de nosotros.

Debemos tratar de entender a aquellos que creemos nos han herido. Si mantenemos prudente distancia, eso nos puede ayudar, puede ser positivo para nuestro crecimiento en otra esfera, siempre y cuando lo entendamos de esta manera. Cuando no estamos en equilibrio ni siquiera podremos llegar a escuchar esta explicación.

Las palabras nos hacen enojar, no tienen significado para nosotros; solo lo alcanzarán cuando estemos tranquilos, no agitados, en un lugar de paz, bastante tranquilo, para entender su gracia y sus beneficios, no importa lo que suceda a nuestro alrededor.

Allí podemos orar, sanar al mundo entero. Si Dios quiere, podemos tener ese eco en sintonía con la verdad, la resonancia de su realidad, que significa que nuestras vibraciones están en sintonía con la Suya, que viene a nosotros. Esa es una manera de traer la paz a nuestros amigos y compañeros, y la gracia a nuestro vecindario y la paz al mundo.

Un verdadero gran santo o una santa pueden llevar la paz a una gran área debido a la repercusión de él o ella, alineada con la verdad que los acompaña. Si desarrollamos esta capacidad podemos llevarla también a nuestros conocidos, con quienes pasamos algún tiempo, cambiarles su vida sin pronunciar palabras. Siendo simplemente quienes somos.

Con esa quietud cambiamos y nuestro cuerpo reacciona positivamente. Experimentamos la oración transformadora, silenciosa, a medida que fluye a través de las diferentes partes de nuestro cuerpo, y la sentimos porque es real, porque existe la resonancia. No sólo nuestro propio cuerpo responderá a ella, también quienes están cerca de nosotros responden. Esta vibración puede cambiar nuestro mundo. Tenemos que dejarla transcurrir, permaneciendo en estado de equilibrio, negándonos a reaccionar cuando el mundo nos incita a hacerlo.

Pero es una tarea difícil abstenernos de reaccionar en determinadas circunstancias. Tenemos que entender que es necesaria una acción y cuando; cada situación requiere esta comprensión. La acción innecesaria puede provocar el caos, algo que hay que evitar tanto hacia el exterior como al interior hacia el interior en nuestros pensamientos y en nuestras relaciones. Debemos ser integralmente correctos, debe haber un reconocimiento de la realidad que fluye a través de nosotros, en todo lo que hacemos, siendo también suficiente para que la verdad resuene.

El equilibrio es crítico pero las emociones hacen estragos en él. Esto no quiere decir que carezcamos de ellas sino que reconocemos lo que está sucediendo por dentro, sabemos cuando

podemos actuar y cuando no. La sicología de hoy nos dice que debemos dejar nuestra ira, pero cuando lo hacemos nos convertimos en un perro que ladra para incitar a todos los otros perros a hacer lo mismo

Tenemos que apartarnos de los conflicto, no por cobardía, sino por el valor, por la capacidad de abstenernos y de entender una situación que está fuera de control y alejarnos del conflicto, de la confrontación innecesaria. La rabia al conducir por la calle es un ejemplo perfecto de un enfrentamiento sin sentido. Aquellos que toman los incidentes en la carretera como una afrenta personal, están enfermos del corazón, de la ignorancia, de la falta de autocontrol y no existe razón alguna para hacer frente a ese tipo de personas.

Un maestro iluminado nos permite llevar nuestra emoción, nuestra ira, nuestros problemas y nuestro dolor ante él y el los absorbe y nos indica cómo lidiar con ellos; nos acepta como somos, sin reacción alguna. Muchos discípulos se sienten, tan abrumados por el mundo, tan fuera de control emocional que tienen que tratarse como niños. Este es el alcance de los males en el mundo de hoy; la gente no puede enfrentar su situación y se auto-medica, se vuelve alcohólica o drogadicta, porque no puede soportar su dolor. Este es un tipo de reacción; otro es creer que el dolor tiene un origen externo, que alguien le ha hecho daño, lo que justifica las lesiones que, a su vez, causan. Estas reacciones ponen en peligro nuestra alma y el dañar a otros les causa dolor; drogarse también lesiona el alma. Tenemos que ser equilibrados, evitar las reacciones hasta que sepamos cómo actuar y amar en medio de la adversidad.

La mayoría de los seres humanos no quieren ser santos, no entienden la razón de ser santos, sin embargo estamos destinados a llegar a la perfección, a ser santos. Cuando nos alejamos colectivamente lejos de esa posibilidad nos adentramos en la irrealidad creada que hemos convertido en normal en nuestra cultura y en muchas otras. Tenemos que volver a ser los seres amorosos que se supone debemos ser; imitar a aquellos que han tomado ese camino y convertirnos en ejemplos tal como ellos lo son, con la comprensión de la profundidad que necesitamos para entrar. Tenemos que ayudarnos y ayudar a los demás en una progresión natural. Mientras lo hacemos podemos ayudar a los demás, ser un ejemplo para quienes a su vez se convertirán en ejemplos para ellos mismos; esto es lo que sostiene al mundo en marcha, nada más consigue hacerlo. Los que tienen la intención de ser como nuestros maestros iluminados mantienen el mundo en marcha y eso es lo que Dios mira por qué Él sostiene el mundo.

Necesitamos comprender la importancia de nuestro papel en la creación. Las Escrituras nos dicen que si impulsamos una vida hacia Dios es una como si salváramos al mundo entero Y debemos comenzar con la nuestra, salvándonos a nosotros mismos, y si conducimos a otra persona con nosotros habremos salvado al mundo dos veces.

Saber que esa persona somos todos nosotros y un buen día todos somos uno. Trabajar en pro de esto, regocijarnos con ello, sentirnos satisfechos, felices y alegres, porque sólo podemos hacer esta tarea en un estado de amor. Las emociones negativas nos alejan, las emociones positivas nos ayudan y nos acercan. a medida que desarrollamos las cualidades de Dios, poco a poco, aprendiendo a no prestar atención a cualquier otra cosa. El resto es todo lo que hay, se queda ahí, sino que aprenda a no prestar atención a ella. . Que Dios nos ayude a todos a lo largo de este camino y nos mantenga firmemente allí.

Que Él nos haga lo suficientemente fuerte .para…ayudar ..a ..otros.

CAPITULO DIEZ

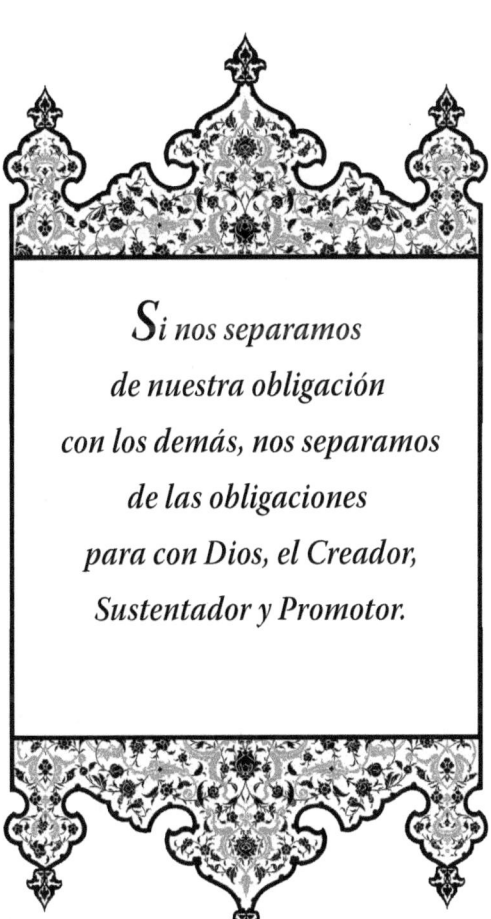

Si nos separamos de nuestra obligación con los demás, nos separamos de las obligaciones para con Dios, el Creador, Sustentador y Promotor.

CAPITULO DIEZ

La Obligación

Si un teléfono suena en este momento será motivo de distracción; sin embargo, tenemos muchos teléfonos que suenan constantemente en nuestras vidas. Tenemos que deshacernos de esas distracciones, pero ¿cómo? En primer lugar dándonos cuenta de que suenan muy a menudo y es difícil evitarlos. Si no somos capaces de reconocer una distracción como tal, creyendo que es algo que debemos cuidar, tampoco identificaremos lo que nos impide realizar nuestros deseos.

Creemos que las distracciones son diferentes para cada uno de nosotros, y lo son, aunque con interesantes similitudes. Por ejemplo, si llevamos una vida pacífica y todo va bastante bien perdemos nuestro sentido de la urgencia; todo parece estar en su lugar, no hay nada de qué preocuparse. Esta es una forma en que las fuerzas oscuras de la ilusión nos ponen a gusto, nos hacen sentir tranquilos acerca de nuestra situación y creer que todo es normal, como debe ser. Una vez que pensamos que todo es aceptable, nos desentendemos, lo tomamos con calma, vamos a sentarnos al sol, a disfrutar de un agradable clima y decimos Dios mío, todo está bien en el mundo. Y podría ser verdad, ¿pero estamos justo en el mundo, hemos tenido cuidado de nuestras obligaciones para con el alma en este día o hemos estado tan distraídos por la tranquilidad, la serenidad de los elementos que nos olvidamos de nuestra obligación para con el alma? Esa es una característica de la mayoría de nuestras distracciones, olvidar el alma.

Tenemos muchos tipos de obligaciones con nuestra alma y con nuestro cuerpo y a además otras que se nos van agregando al ir por la
vida con la familia, con los niños, con la comunidad. Sin ellas perdemos nuestra conexión con los demás seres y con nuestra propia humanidad. Si nos separamos de ellos nos alejamos de nuestra obligación para con Dios, el Creador, el Sustentador. Esto es lo que Dios hace, Él continúa sosteniéndonos, nutriéndonos. Si creemos que se hizo la creación y que ese fue el final del proceso, que el proceso de la creación debemos darnos cuenta de que si la creación no continuara todo desaparecería. El acto de sustentación se asemeja a la creación, a medida que se recrea a cada instante. Si no experimentamos la misma obligación con los demás que con Dios, ¿qué hemos elegido como nuestro modelo? Cuando observamos la vida de los seres más excelsos, apreciamos su sentido de, participación y obligación; ellos ayudan a las vidas de los que les rodean, con un sentimiento de obligación paternal. Ahora supongamos que vamos a por la vida tratando a quienes conocemos como si fueran nuestros hijos y comparemos esa relación con la que tenemos con los hijos verdaderos. Les damos una cierta y privilegiada autonomía, una cierta consideración importancia que no les damos los demás; sentimos alegría cuando hacen algo bien y disfrutamos de sus buenos éxitos.

Una vez que nos comunicamos con todos los que conocemos, regocijándonos con el buen éxito de las personas a las que consideramos amigas, , sintiendo lo mismo sobre las personas que son sencillamente conocidas y por las cosas buenas que le suceden a la gente en todo el mundo ampliamos nuestro estado de bienestar y lo que somos, llegando cerca de la realidad. En este estado empezamos a entender la naturaleza de nuestras obligaciones, haciendo exactamente lo que debemos estar haciendo

Si no estamos en ese estado de expansión, de integración, de inmenso amor para todo los que nos rodean, hay mucho que hacer. Dios ama al que sabe amar: cuando amamos, el amor hacia nosotros aumenta. Tenemos que dar amor para recibir amor; cuando vivimos en un lugar que entiende qué es el amor entendemos cómo dar y recibir y entonces todo cambia. Esta es una razón por la que tenemos pequeñas comunidades, con oportunidades de dar y recibir amor.

Muchos de los profetas tenían relaciones con sus compañeros Y las llevaban a cabo con respeto, comprensión de la verdad y lealtad mutuas. Contemplemos la lealtad que tenemos con nuestros hijos, pensemos en lo que estamos dispuestos a renunciar por ellos, lo que luna madre está dispuesta a renunciar por su hijo. Los profetas se comportaban de la misma manera con sus compañeros y compañeras, y estos con su profeta, dispuestos a dar su vida por él como la madre dispuesta a dar la vida por su hijo. Si entendemos el amor de una madre, ¿podremos tener ese mismo tipo de amor por la gente que conocemos, por nuestros amigos y conocidos? Es grato el ejemplo de una madre cambiando pañales de buena gana; limpia el desorden y lo desecha sin discusión, a diferencia de la forma como generalmente se comporta el mundo, cada vez que hay un pañal para ser cambiado, tenemos que discutirlo. Puesto que ya tenemos las cualidades que necesitamos en este camino para conocer a Dios, o las estamos usando o ignoramos la forma de aplicarlos.

Sabemos cómo comportarnos correctamente y nos damos cuenta cuando no lo hacemos; cómo tratar a la gente de manera adecuada y también cuando no lo hacemos. Hay que comenzar a obrar de manera adecuada; ese camino no es complicado. La que causa problemas es la mente que quiere complicar todo, para crearnos dificultades, como lo hace un mal abogado. En la primera consulta, nos dice la cantidad de problemas que tiene que enderezar para nosotros; de esa manera puede cobrar más dinero y convencernos de lo importante que es su tarea. Eso hace la mente, convencernos de su importancia y de cuánto la necesitamos para sobrevivir tanto que no podremos vivir sin ella y nos dice que si perdemos nuestra individualidad estaremos disminuidos y que nuestra gloria está en la individualidad. La verdad es todo lo contrario, la gloria está en reconocer ese aspecto de nosotros, que este tesoro es mayor que cualquiera otro y le creemos esas mentiras de la singularidad. Los engaños del mundo nos alejan de nuestra verdad, dándonos títulos, honores y banquete.

Hemos de entender el camino y todo lo que nos ofrece, aprenderlo estudiando el ejemplo de los maestros de la enseñanza, que explican la singularidad de la unidad, de sentarnos unidos como uno, con la singularidad que está presente en el corazón de esta unicidad. Cuando vibramos en un lugar tranquilo, no hay otro sitio donde necesitemos estar, satisfechos de encontrarnos en el centro el universo.

Tenemos la obligación de reconocer esto, entender que cuando estamos en la presencia del otro estamos en un espacio sagrado, y debemos ser respetuosos y sentirnos profundamente agradecidos; apreciar todo el amor que podemos sentir por los demás, el que nos tenemos los unos a los otros, estar agradados por ello. Cuando nos saludamos y nos miramos el uno al otro, debemos hacerlo con la paz de Dios. La paz es uno de los nombres hermosos de Dios. Cuando miramos el uno al otro con una intención pura de la paz que estamos pidiendo, la paz de Dios vivirá en esa persona, y cuando el saludo es retornado, lo mismo es pedido para nosotros. El intercambio de esta intención con los demás es la realidad de la regla de oro que corre a través de todas las religiones, la realidad de hacer a los demás lo que te gustaría que te hicieran a ti.

La santidad no tiene un nombre relacionado con nuestro nacimiento o la religión bajo la cual nacemos la santidad es nuestro derecho de nacimiento, lo elegimos o lo abandonamos. ¿Por qué lo hacemos? La mayoría de nosotros no elegimos dejarlo, pero tenemos tantas distracciones y tantas influencias que nos arrastran que nos olvidamos de ese lugar de la verdad, de la santidad. Cuando tenemos hambre sabemos que tenemos hambre, pero estamos llenos nos olvidamos de cómo es ella; cuando tenemos sed sabemos tenemos sed, pero después beber un vaso de agua nos olvidamos de lo que la sed. Si no sentimos sed ni hambre es para nosotros muy difícil entender el hambre y la sed de otra persona.

Ir hacia la gratitud es comprender cuanto nos ha sido dado; Entender nuestra relación con el Único que da. Todo lo que tenemos nos fue dado, por eso debemos estar agradecidos y comprender nuestra obligación de hacer con los demás lo que

Él hace con nosotros. En ese estado entramos en el gozo de la verdadera comprensión y del estado de amor y paz.

Que Dios nos lleve a ese estado.

CAPITULO ONCE

Una fruta madura con un sabor propio, de acuerdo con su variedad. Adquirimos el conocimiento, pero si no lo ponemos en acción será como una fruta que no madura.

CAPITULO ONCE

La Sabiduría y la Madurez

Este camino puede ser descrito como el de la madurez. Todos envejecemos, pero no necesariamente maduramos. Por desgracia, la madurez y el envejecimiento no están directamente relacionados, pero todo sería mucho más fácil para nosotros si lo estuvieran. Dado que ello no es automático hay que trabajar para lograrlo. ¿Qué tipo de actividad provocará que la madurez se desarrolle y lo más importante, ¿qué es la madurez?

Hay un tipo específico de conflicto en el mundo que también se manifiesta dentro de nosotros. Tenemos necesidades y deseos que dominan nuestra existencia, causándonos conflictos. Dentro de nuestro yo inferior hay un abogado que sistematiza lo más apropiado para luchar por lo que queremos, para poner nuestro propio interés por encima de cualquiera otra cosa y cumplir con nuestros propios deseos. Pero ese abogado es tan inteligente que nos puede convencer de casi cualquier cosa y si no tenemos la madurez necesaria, no podremos responder de manera adecuada.

Cuando el egoísmo insiste en decirnos consigue esto, lo quiero, haz lo necesario para conseguirlo y le respondemos que no sería apropiado, el abogado replica, mira lo que te hizo, mira lo que te hicieron, necesitas esto para ti y para los que puedes ayudar; o el abogado interior crea algún otro escenario persuasivo. Sólo la Sabiduría por sí sola puede responder a esto, pero no existirá sin la madurez. Preguntar cómo llegar a adquirirla es interesante e importante. Necesitamos una defensa contra la desinformación que nos dice que somos aceptables, que no hay necesidad de cambiar.

Una fruta madura con un cierto sabor, prueba de su calidad. La adquisición de conocimientos sin ponerlos en acción les quita su significado. Pero no todo lo que aprendemos debe ser puesto en acción, no todo el conocimiento nos lleva a la madurez. Hay conocimiento mundano que nos hará ganar dinero, nos dará status, estado, una vida cómoda, pero no madurez en espiritual. Nos podría dar el respeto de Wall Street, el de los abogados, de los médicos y la

la comunidad empresarial, pero nada en el plano espiritual. El conocimiento espiritual es diferente del mundano. ¿Cómo podemos definir el conocimiento espiritual, que confiere sabiduría? Diremos que está ligado a las virtudes de Dios, que la madurez debemos tomarla de Dios, en un proceso que pasa por muchas fases. La primera aprendiendo acerca de ellos, ¿cuáles son? Podemos leer acerca de ellos o ser bendecidos para sentarnos con un santo que la expresa, que las tiene. Son manifiestas, evidentes para todos los que tengan ojos para ver. Tenemos que deshacernos de los prejuicios que limitan lo que vemos, que permiten sólo la manifestación de nuestras propias ideas y expectativas. Si hacemos eso, si vemos realmente lo que estamos mirando, reconocemos algo para imitar. Si no tenemos la oportunidad de hacer contacto con un santo viviente, por lo menos podemos leer historias de santos, sobre los profetas y sus compañeros para aprender cómo eran, cómo actuaron en ciertas situaciones. Sus acciones definen la madurez en acción, la sabiduría de un verdadero entendimiento convertido en hechos, en acción. Los cristianos se preguntan qué haría Jesús, ellos piensan en Jesús como la sabiduría manifiesta del universo. Cuando se encuentran en una situación difícil se preguntan qué haría la sabiduría manifiesta, comienzan a plantear más interrogantes y a medida quque lo hacen, las respuestas les llegan y ponen al abogado del ser inferior en su lugar; le dicen no, ese argumento no tiene en cuenta la compasión, ni la misericordia ni los atributos de Dios. Al abogado sólo le importan nuestra pasión, nuestra voluntad, nuestras propias ideas y da respuestas limitadas cuando estamos en la búsqueda de algo más grande, procedente de la sabiduría manifiesta. Debemos fijarnos esa meta, en un nivel más allá de nuestra pasión, de nuestra voluntad y de nuestro deseo. Sin embargo eso es difícil, porque le pedimos cada vez más respuestas a la sabiduría manifiesta; es igual a cualquier otra cosa nos va mejor a si practicamos más y más; tenemos que hacerlo así porque ese abogado es implacable, nunca se detiene, el yo inferior nunca desaparece, siempre andamos con él, pero podemos aislarlo, aprender cómo funciona y seguir mejorando. Los individuos como las naciones pelean por la escasez de bienes y entonces se declaran la guerra. La gente es asesinada cuando lo que está sobre la faz de

La tierra se considera más importante que quienes la habitan. Entre los individuos, cuando hay una cuestión cuya voluntad se impone, se percibe una limitación. La escasez de bienes es nuestro camino, o su camino, nuestra opinión o su opinión; no podemos compartirlo. Luchamos por estas cosas tal como los gobiernos lo hacen por el petróleo, el hierro o el cobre que necesitan para sostener su economía.

La madurez comienza cuando entendemos que lo que estamos considerando como mercancías necesarias, en realidad son efímeras y sin sentido, pero las hemos hecho reales y las hemos tratado como si lo fueran, pero de hecho nacen de la ilusión, no existen, vuelan lejos tan rápido como nuestro siguiente pensamiento. Si nos aferramos a los pensamientos creyendo que es esencial defenderlos, estaremos automáticamente en conflicto. La sabiduría reconoce el carácter efímero del pensamiento, de las opiniones y nuestra necesidad de aferrarnos a ellos y puede suprimirlos.

Nuestro yo inferior, nuestros deseos básicos están en los asuntos de su celebración, más la sabiduría está en el negocio de desatarlas sueltos. Nuestra mente, que maneja el proceso del pensamiento, no es la sabiduría porque no tiene madurez espiritual. Es como un mono de la selva posado en la rama vecino. Allí no hay paz, el hogar de la mente es el siguiente pensamiento, el siguiente conflicto, el siguiente movimiento de defensa, pero no la paz, solo lo siguiente. La Sabiduría pone estas cuestiones fuera de la ecuación, algo que la mente no es capaz de hacer; ella sólo puede vivir en el pasado o en el futuro pero no en el presente; nos sitúa en el momento actual y nos hace sentir cómodos en él; cambia la ecuación de la ansiedad por la de la paz. La sabiduría nos libera de los conflictos que hierven en nosotros; puede parar el mundo y eliminar su influencia. En cuanto nos salimos de la naturaleza ilusoria de la existencia damos el paso al reino de Dios, y adquirimos la tranquilidad, la certidumbre y la paz que viene de allí. Tenemos que ser conscientes de que ello es posible, tenemos que tener la intención

y el deseo de hacerlo. Ciertos deseos pueden ser útiles, pero sólo hay uno que nos sana: el deseo de conocer a Dios.

Tenemos que cambiar nuestra forma de vivir, nuestras prioridades, y luego procurar comprobar si hemos cambiado.

Necesitamos un testigo honesto dentro de nosotros que observe e informa con integridad, estamos haciendo las cosas apropiadamente o no? Tenemos que reconocer nuestro estado de ser, conocer el nivel en que estamos funcionando. La oscuridad y la ilusión sólo tienen que iniciar la conversación; una vez que han comenzado, ya no estaremos enfocados en la realidad, en algo más que nos convence que es apropiado.

Debemos tratar de entender la naturaleza sutil de la verdad de Dios y de nuestra relación con los demás, lo que podemos dar, lo poco que necesitamos para la existencia. Los Seres santos nos dicen que una puerta a la realidad es la pobreza. La pobreza en este mundo se puede expresar de diferentes maneras, una de ellas es el no tener apego por la riqueza; por lo general significa que no tenemos dinero, que vivimos en un estado constante de ansiedad por conseguirlo y aun si vivimos en una mansión sin deseos, sin apego, nuestro entorno no tiene ningún significado. En este país la riqueza está en todas partes. La verdadera pregunta es qué tan grande es nuestro apego a ella. Una cuchara de madera revuelve la olla y todos los sabores impregnan en ella; una cuchara de aluminio no conserva nada. Tenemos que ser como la cuchara de aluminio en relación con todas las atracciones y los placeres del mundo, para empezar a aprender el sabor de Dios.

Si comemos gran cantidad de postres muy dulces cada da día, no podremos gustar el sabor de un pimiento rojo. Si dejamos de comer los primero, el pimiento nos parecerá dulce. Tenemos que cambiar la forma de hacer las cosas y de acercarnos a ellas en acción. Necesitamos revisar nuestras acciones, el conocimiento sin acción apropiada no tiene valor verdadero. Cuando nuestra sabiduría y nuestras acciones son apropiadas, nos convertiremos en ese dulce, y podremos degustar otras frutas maduras. Debemos hacer esto por nuestro propio bien y por el de quienes nos rodean. Las Escrituras nos dicen que si salvamos una vida salvamos al mundo. Protegemos una vida poniéndola en la realidad; primero hemos de salvar nuestras propias vidas y después ayudar a los demás. Este es el trabajo que nos ha sido encomendado. Aquellos que han sido bendecidos con la oportunidad de ver el trabajo de los seres santos saben la verdad de esto.

Que Dios nos permita ver esta verdad. Que su verdad convertido en nuestro camino.

CAPITULO DOSE

*Amar a Dios
no es solo una acción
personal, involucra
nuestra interacción
con los demás ,cómo los vemos,
cómo nos acercamos a ellos,
cómo los tratamos.*

CAPITULO DOSE

Los Amantes de Dios

Este es un camino para los amantes de Dios. ¿Cómo adquirimos esa calidad, cómo sabemos si la tenemos o estamos en otro lugar? El amor propio es lo que la mayoría de nosotros conocemos, el amor que el ego tiene para sí mismo y su esfuerzo continuo por satisfacer sus propios deseos. Amar a Dios no solo es una actitud relacionada con nosotros mismos, sino también con nuestra interacción con los demás; la forma cómo los vemos, cómo nos acercamos a ellos y cómo los tratamos. Se supone que debemos comprender que el otro no es diferente, que nuestro trato debe ser el mismo, ya que es con el yo. Necesitamos ver con claridad cómo nos fijamos en otras personas, cómo las vemos y como son nuestras reacciones y actitudes.

Se dice que una mala cualidad puede ocultar mil buenas, y que una buena puede ocultar mil malas. La mayoría de las personas son una combinación de buenas y malas cualidades. En un jardín tenemos pastos verdes y algunos que son abigarradas, y multicolores rayas de color amarillo y verde. Las personas en el mundo son así, una combinación de buenas y malas. ¿Qué es lo que vemos, lo bueno, lo positivo, o lo malo? ¿Comentamos sobre lo que vemos, sobre lo qué se habla de otras personas, acerca de sus malas cualidades.

¿Hemos tomado una foto instantánea de la gente en un momento inapropiado y luego la identificamos con ella? Creemos en parte, en el libre albedrío. Podríamos reconocer que nuestras acciones son deficientes y desear cambiar y ciertamente tenemos oportunidades de hacerlo, pero observamos cómo se describen de las malas cualidades de otras personas. Nos damos por vencidos en el libre albedrío para ellos, creemos que eso es lo que son, lo que están destinados a ser, que ese es su destino. No importa lo que Dios quiera o su capacidad para cambiar. El libre albedrío que se nos concede a nosotros mismos debemos otorgarlo a los demás de la misma manera.

Cuando interactuamos con la gente, ¿cuál es nuestra actitud, ¿cómo la vemos, ¿cómo la identificamos? ¿La situamos en una categoría distinta a la nuestra? No caemos en la cuenta de que al no ver a los demás como a nosotros mismos, no les damos la misma dimensión y comprensión que damos a nosotros mismos. Nos facilitamos la posibilidad de cambio, pero no la damos a los demás, nos dispensamos el libre albedrío, la posibilidad de cambio, pero no la damos a los demás.

Los grandes maestros nos miran a todos con amor, viendo lo que cada uno puede llegar a ser. ¿Cómo miramos a los demás, es los confinamos a un nicho o vemos sus posibilidades? Si hemos de amar a Dios tenemos que amar los progresos que otras personas pueden hacer, tenemos que amar la posibilidad de que florezcan, en nuestros corazones. Cuando les negamos esa oportunidad erradicamos nuestra capacidad de amar a Dios, y no podemos amar, inmersos en nosotros mismo, atados a la percepción del momento, sin permitirnos la posibilidad de cambio. En esos momentos, las cualidades del amor y la compasión no son nuestras, somos algo más, algo diferente. El otro que vemos es el otro en que nos hemos convertido. Separamos de nosotros el amor cuando no somos capaces de amar a los demás ni permitir la posibilidad del crecimiento en otros. Para amar hay que perdonar las cosas inapropiadas que vemos; no nos corresponde juzgar. Sin esta actitud limitamos lo que somos, no importa lo que creamos ser, no importan nuestros actos. Es fácil tener un concepto elevado de nosotros mismos, sobre todo cuando el yo inferior se mantiene susurrando cuán grandes somos y lo hace regularmente, insistiendo que estamos entre los justos. Este murmurador no hace lo mismo con los demás, solo salvaguarda nuestra posición, el sentimiento de cotejarnos con los demás y con la forma adecuada como creemos ser. Significa que vivimos en el mundo de las comparaciones, el mundo de la alabanza y de la culpa. Si el murmurador nos dice que somos buenos, que los demás no lo son tanto, sino probablemente malos, debemos entender que nos definimos como una persona sin amor. Nuestras acciones nos definen como seres humanos. Reconocer lo que sostiene la naturaleza de un verdadero ser humano, los principios y actitudes que desarrollan esa naturaleza, conocer sus acciones interiores. ¿Una persona como esa ayuda o dificulta? Quiénes somos? Cuando nos fijamos en los grandes maestros, ¿qué vemos? Vemos la forma en que interactúan con los demás, lo que hacen, ¿su estilo personal, las cualidades que muestran? Una vez, cuando un gran santo y maestro de enseñanza estaba muy enfermo, una pareja que no lo había visto desde hacía mucho tiempo fue a visitarlo. Las luces estaban apagadas, la habitación, tranquila; él no había estado lo suficientemente bien como para hablar con alguien, durante algún tiempo; sin embargo, cuando alguien le susurró que estas personas habían llegado, pidió que encendieran las luces y los llevaran a su presencia. Amablemente con ellos les dijo cuánto los amaba, y lo grato que era para él verlos; les habló de los detalles de su vida durante los años transcurridos durante el tiempo que no los había. Cuando se fueron se le preguntó cómo se las había arreglado para hacer eso, y explicó que todos podemos hacerlo por nosotros mismos aliviando los motivos personales, para limpiarnos de la necesidad de la alabanza, la necesidad y obtener algo de una relación. Una vez que lo entendemos, podemos cumplirlo? Que nos detiene? ¿Nos quedamos, en nuestra negatividad, en nuestra crítica de los demás, pensando que no son tan buenos como nosotros ¿O estamos sostenidos por las cualidades de Dios como, el amor, la misericordia, la compasión, la veracidad, sin ver las diferencias?. Esto lo admite nuestro sistema interno? ¿Qué significa apoyar nuestro yo interior, ¿ qué nos hace correr, que nos toca el corazón y presiona nuestros botones? ¿Es la misericordia o el juicio, la compasión o el desprecio? ¿Quiénes somos realmente, ¿los amantes del desdén?, ¿ miramos a los demás pensando que un día podrán ser como nosotros? ¿Entendemos que cada uno, sin importar su estado, puede avanzar, lograr que les demos a los demás la misma dimensión que nos otorgamos, perdonamos a los demás como nos perdonamos a nosotros mismos? ¿Confiamos en la idea del crecimiento de los demás como él de nosotros, creemos en la divinidad de los demás tanto como en la que radica dentro de nosotros? Y si creemos en la unidad, ¿qué tanta es nuestra fachada, cuantas palabras hemos aprendido a repetir entre nosotros. A decir verdad, en la creencia que tenemos que ser amados si no podemos amar, ninguna de las oraciones o las cosas que hacemos nos pueden hacer verdaderos seres humanos. Podríamos ser capaces de recitar bien, pero sólo como verdaderos amantes de Dios podremos estar en un estado que comprende la unidad, que proporciona la felicidad y la alegría de la unidad. ¿Nuestras únicas alegrías provienen del mundo de la alabanza y la culpa? Hasta que hacemos el balance de nosotros mismos y comprendamos cómo y por qué actuamos como lo hacemos, no vamos a saber la verdad sobre nosotros mismos. Tenemos que auto juzgarnos con el juicio que de manera tan fácil ejercemos sobre los demás, tenemos que hacer esta evaluación de nosotros mismos. Es difícil identificar nuestros propios puntos ciegos, pero es fácil verlos en otros. Debemos orar, pedir a Dios que sea tan fácil para nosotros ver nuestros propios puntos ciegos como verlos en otros. Si somos capaces de hacer esto tendremos una imagen nuestra diferente de nosotros, pero no mirar, no queremos ver ciertas cosas. Cuando sentimos muchos escrúpulos, nos apartamos, cerramos los ojos. Esto ocurre cuando vemos aquellas partes de

nosotros y hacemos un ruido desagradable. Sin enfrentar nuestra realidad no podemos cambiar, sin ver lo que nos impide hacerlo no podremos alcanzarlo. Tenemos que mirar, necesitamos el valor de mirar a las cosas que nos hacen aprensivos acerca de nosotros mismos. Tenemos que pasar por el dolor de la comprensión de lo que hemos hecho a otros al pretender elevarnos por medio del poder que ejercimos a expensas de otros. Cuando iniciemos este análisis, empezaremos a conocernos mejor, nos acercaremos a la verdad, iremos más cerca de la realidad.

Que Dios nos ayude a entender estas cosas, que Él nos ayude a mirar profundamente dentro de nosotros mismos, para que lleguemos a conocernos a nosotros mismos y a conocer a nuestro Señor.

CAPITULO TRECE

Las opiniones, pensamientos y emociones ponen. anteojeras que. limitan nuestra capacidad para ver y para conectarnos genuinamente con otros.

CAPITULO TRECE

Mi Religión, su Religión

Lo que aprendemos cuando somos jóvenes está escrito en piedra, lo que aprendemos cuando somos mayores está escrito en el agua. Cuando los niños y jóvenes se envían a veces a las escuelas religiosas, si sus padres no son religiosos, por lo general sus hijos no lo son. Cada fe dice a su gente que son católicos, son episcopales, metodistas, judíos, musulmanes, suníes, chiíes, hindúes, y así sucesivamente. En los primeros años de formación religiosa se les enseña a identificarse con su religión, como parte integrante de su identidad.

Crecer con una religión específica o sin religión forma una parte importante de la idea que tenemos de nosotros mismos. Esta idea implantada en nosotros, esta imagen de nosotros mismos nos da una perspectiva del mundo a través de los ojos de esa religión. Cuando tenemos situaciones que involucran el sentido de quienes somos, que son diferentes de las que no lo son. Por ejemplo, en biología estudiamos diferentes animales sin llevar equipaje emocional ni identidad con el estudio; cuando se trata de religión, sin embargo, nosotros traemos una cierta emoción cuando nos encontramos con sensaciones religiosas causadas por lo que percibimos como lealtad a nuestra religión. No podemos evitarlo, estamos marcados con que la religión de cuando éramos jóvenes y que se ha grabado en nuestras vidas como si estuviera escrita en piedra.

Escribir en piedra hace un corte profundo que nos da una

perspectiva, vemos las cosas de cierta manera, excluimos o negamos las cosas de cierta manera. El mundo se nos ha dividido en aquellos que son como nosotros y en quienes no lo son. Algunas religiones enseñan que hay algo mal con estos últimos lo que constituye una enseñanza engañosa, inapropiada. Hay algo mal en una relación con Dios que nos separe de los demás, destruyendo nuestra capacidad de entender su realidad, su sinceridad.

Estamos separados de nuestra capacidad de comprender la realidad de otras personas cuando no aceptamos sus experiencias como válidas, cuando pensamos que lo que creen y hacen no tiene mérito. Ese tipo de enseñanza excluyente que dice yo estoy en lo correcto y usted está equivocado, limita nuestra visión, y nuestra capacidad de ver se apaga. Tomemos las diferencias dentro de una religión, por ejemplo la reforma del judaísmo y el judaísmo ortodoxo y que se aplican también a otras religiones. La reforma de los Judíos excluye la mayoría de los rituales y las leyes alimentarias como poco importantes. Aquellos criados de esta manera no pueden comprender la experiencia de la santidad que un Judío ortodoxo tiene con el ritual, con su forma de comer, con la observancia de las fiestas prescritas. Los que se criaron sin religión tienen dificultades para entender las emociones y la conciencia de una persona religiosa y les resulta difícil creer en la realidad que no han experimentado por sí mismos. Tenemos la tendencia a negar la validez de la experiencia ajena si difiere de la nuestra.

Los judíos niegan la experiencia cristiana de Jesús, los cristianos niegan la experiencia musulmana de Mahoma, los musulmanes niegan la experiencia hindú de Krishna. Lo que creemos, lo que experimentamos, excluye otras experiencias como si no fueran válidas, no reales. Tomamos nuestro pequeño rincón de la comprensión y etiquetamos la realidad y lo demás como ilusión. Como se trata de lo que hacemos, significa que todos reclamamos la realidad para nosotros y consideramos como ilusión lo de los demás, simplemente porque no compartimos sus experiencias. Los que no realizan la oración ritual no pueden entender la santidad que algunos sienten con estas oraciones, porque no consideran sus experiencias como legítimas; si no tienen legitimidad para ellos no pueden tenerla para ninguna otra persona. Las opiniones, pensamientos y emociones, como las anteojeras puestas en nosotros, limitan 103 nuestra capacidad de ver y conectarnos realmente con los demás. Si yo te acuso de herejía porque no entiendo cómo se perciben las cosas me separo de mí mismo y de la humanidad, y dejo de lado la relación con Dios. No es como si tuviera la autoridad para hacer esta acusación, sin embargo, mi religión indica que tengo la autoridad para hacerlo porque mi religión es la correcta. Aquellos que no oran niegan la experiencia de los que lo hacen. Niegan su capacidad para tener un poco de experiencia genuina de Dios mediante la oración, ya que no rezan. Diferentes religiones señalan con el dedo a las demás, incluso a otros dentro de su misma fe. Tan pronto como señalamos a alguien hemos limitado nuestra capacidad de comprender y tendremos opiniones que nos impedirán ver con los ojos de la gente, de tener la capacidad para captar mucho más de la creación de Dios. Cuando hacemos esto coartamos nuestra capacidad de observar y establecemos límites ante Dios.

Con nuestro sentido de exclusividad nos alejamos; una vez que aprendemos a ver las cosas sin prejuicios, inclusive percibiendo la santidad intrínseca de todos. No podemos negar la experiencia de otras personas, ni deben cuestionarse nuestros propios motivos porque estamos haciendo algo diferente. En estos asuntos, chocar con los motivos de otro es tan malo como reaccionar cuando se cuestionan los nuestros. Aprender el carácter limitante de tal acusación y evitar lo que nos limita, en lugar de buscar lo que nos proyecta, nos lleva al punto más alto.

Dios permite que todo esto exista, ¿por qué no nosotros? Dios creó todo esto, ¿por qué discutir, ¿por qué creemos que Dios necesita de nuestra defensa? ¿Por qué necesitamos cambiar la situación, ¿por qué pensamos que el plan de Dios no existe, ya que se supone que existe, ¿por qué tenemos que señalar con el dedo? Aquí está la paradoja, tenemos que hacer lo que es apropiado sin juzgar ni culpar a nadie, hacer lo que es apropiado sin juzgar ni culpar a las otras personas. Hacer lo que es apropiado, sin ser dominantes, lo que permite que otros hagan lo apropiado; para ellos, significa ser capaces de hacer lo que es apropiado a pesar de la influencia o presión de los demás, sin abusar de ellos. . Esta paradoja significa no tener resentimientos, manteniendo nuestras cualidades apropiadas sin importar lo que pase a nuestro y ser un ejemplo de buenas cualidades.

No importa la situación que nos rodea, la paradoja indica que debemos permanecer en el centro de la existencia, ese punto sagrado que existe dentro de todo. . Significa elegir a Dios en lugar de la religión, el idioma, la cultura, la raza, el género, el ritual, la escritura, es decir cualquier otra cosa aparte de Dios; significa la elección de Dios y vivir de manera humilde con esa elección. Esta es la forma de un ser humano perfecto y verdadero; en el cumplimiento de nuestra responsabilidad de llegar a serlo debemos entender los obstáculos del mundo que pretenden detenernos y superar todo eso sin hacerle daño a nadie, permaneciendo correctos en todos los sentidos.

Que Dios nos permita borrar esos obstáculos de nuestro camino y hacerlo más fácil para nosotros.

CAPITULO CATORCE

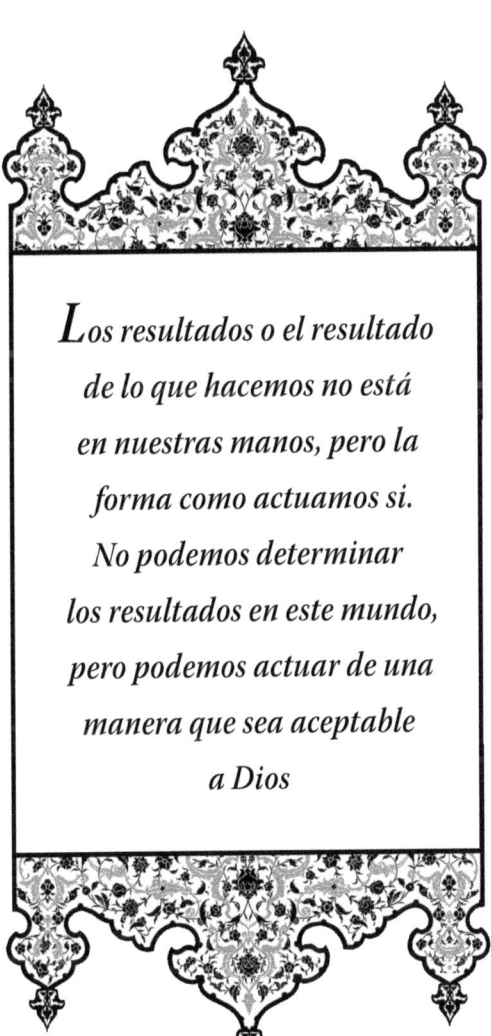

Los resultados o el resultado de lo que hacemos no está en nuestras manos, pero la forma como actuamos si. No podemos determinar los resultados en este mundo, pero podemos actuar de una manera que sea aceptable a Dios

CAPITULO CATORCE

El Yo Animal

Tenemos poca memoria, cuando nos da hambre sentimos nuestra hambre, pero tan pronto comemos nos olvidamos de cómo se siente. Cuando sentimos sed y la saciamos nos olvidamos de lo que es la sed. Esa falta de memoria, esa incapacidad para recordar nos lleva a distorsionar la percepción de nosotros mismos, mejorando mucho nuestra imagen en lugar de ver la verdad.

Los jugadores en los casinos olvidan que pierden cada vez que juegan y se acuerdan sólo de las victorias que les hacen pensar que son muy buenos en esa actividad. Vuelven al casino porque recuerdan cuándo ganan y olvidan cuándo pierden. Así somos así con nuestras cualidades; olvidamos nuestra arrogancia, nuestra envidia y los celos y nos vemos como las personas que somos cuando actuamos de manera adecuada. Pintamos una imagen nuestra agradable para nosotros mismos porque queremos ser buenos y pensamos que lo somos, que nos comportamos correctamente. Sin embargo, hay momentos en que no tenemos la capacidad de entender lo que hacemos, en momentos en los que estamos tan emocionales o controlados por alguna cualidad feroz anima y no somos capaces de ver cómo nos comportamos.

Nuestro yo inferior, el yo animal o la naturaleza se inclinan a la oscuridad y al mal, alejándose de Dios. Debemos darnos cuenta de lo feroz que puede ser este animal. Por lo general, vemos animales en un zoológico, fuera de su hábitat natural y enjaulado; allí no se comportan normalmente. En el encierro no presentan una imagen de sí mismos, porque no están supuestos a vivir de esa manera.

Como los alimentan todos los días, ya no tienen que buscar comida. En todas las películas sobre los animales en su hábitat un tigre mata a su presa; para el no hay restricciones; en estado salvaje, cuando un tigre salta sobre otro animal lo matará rasgándole la garganta. Consideremos este nivel de agresión y esta falta de preocupación por la víctima. El hambre tiene prioridad sobre todo, el tigre es tan salvaje que tiene que hacer lo necesario para sobrevivir.

Entonces veámonos pues otra vez: tenemos un tigre dentro de nosotros, si el hambre o el deseo es lo son desesperados, nos comportaremos como un tigre. Tenemos que saber esto. Cuando el hambre y el deseo nos acosan perdemos cualquier acto consciente en la pasión consumidora. Hemos de entender que cuando un deseo abrumador toma el control de nosotros, sea lo que sea, cualquier deseo, una gran pasión o el deseo el tigre salta. El deseo sepulta nuestra conciencia, nuestra sabiduría, todo desaparece, menos la necesidad de satisfacer ese deseo. Una vez que lo sofocamos, una vez que hayamos cometido cualquier falta necesaria para satisfacer ese deseo, nos olvidamos de lo que éramos cuando no nos comportamos de esa manera, no recordamos como somos cuando no estamos en ellos. Es necesario reconocer que hay que cambiar constantemente, no importa el estado que nos encontramos en un momento dado, para que no nos controle. La disciplina que tenemos ha de determinar hasta qué punto llegaremos antes de que algo dentro de nosotros nos haga retroceder, limitando lo brutales que podemos llegar a ser.

El yo animal es tan cruel o como necesite serlo. Todos lo tenemos, no podemos pensar, Dios mío, yo soy incapaz de hacer eso. Este es nuestro primer error, pensar que somos incapaces de ello. Somos capaces de casi cualquier cosa. En las circunstancias correctas vemos lo que somos capaces de hacer y eso no nos convierte en malos, pero necesitamos darnos cuenta de que tenemos esa capacidad, podemos ser vicioso o viles, la criatura más bajas imaginables. Al mismo tiempo, también tenemos la capacidad de ser delegatarios de Dios en la tierra, para cumplir su promesa, lo que permite que su voluntad se manifieste en este mundo a través de nosotros. Aunque somos capaces de ello, tampoco quiere decir que lo hagamos.

Todos tenemos estas capacidades, cuyo amplio rango debemos tener en cuenta, y necesitamos saber que a menos que hagamos un esfuerzo deliberado y consciente y con un profundo interés en la forma en que actuamos, cualquier reacción incontrolada puede llevarnos en direcciones diferentes. Debemos tomar nota de nuestros estados, ser conscientes de ellos, ver nuestra vida, ser vigilantes de ella. Cuando nuestra mente se va a través de sus procesos tortuosos, cuando pasa por el diálogo que no tiene la capacidad de detener, necesitamos a alguien que mira la mente. Tenemos que desarrollar una consciencia que provenga de un lugar de sabiduría y vigile el dialogo

Todo lo que hemos aprendido sobre el comportamiento apropiado en nuestras vidas, lo correcto y lo incorrecto, lo tenemos que depositar en un solo lugar y usarlo para dirigir nuestras vidas. Habrá más cosas que sucedan dentro de nosotros, no habrá conflicto entre la inclinación de nuestro yo inferior y la sabiduría. Como el yo inferior tiene un bozal, tiene una cadena que no puede romper tenemos que luchar a vida o muerte entre la sabiduría y el yo animal. Uno de ellos perderá y el otro prevalecerá-Hoy no voy al casino y luego voy; no voy a cenar esta noche y luego como en exceso; no voy a gritar a mi esposa esta noche, y luego la grito.

¿Por qué hacemos estas resoluciones y no las cumplimos? Esto sucede cuando no luchamos lo suficiente en la lucha para ganar. Muchos jóvenes van a la escuela y fallan no porque sean poco inteligentes, sino porque no estudian y no lo hacen porque no pueden manejar su tiempo porque tienen objetivos contradictorios, mirar los libros o hacer algo diferente. Si gana la distracción cada vez, fallaran.

Tenemos que encontrar el equilibrio entre la situación mundana y nuestra situación que debe ser adecuada para Dios. Esto implica una lucha no sólo para hacer las oraciones diarias. Hay tantas razones para no orar, para no hacer siempre lo apropiado . ¿Cuáles prevalecen? La constante lucha entre nuestro yo superior y nuestro yo inferior. En primer lugar tenemos que entender ese hecho y luego saber cuáles herramientas necesitamos para esta lucha y la forma de ganarla, entendiendo que la mejor es el amor por los demás y por nosotros mismos. Todos los seres quieren amor, respeto y ser tratados amablemente.

Aparte de los animales feroces que guardamos dentro, hay otros; algunos albergamos animales asustadizos como el ciervo. Si un ciervo oye algo, corre; hay personas que huyen de las situaciones difíciles.. Si huimos de Dios, o si atacamos todo lo que se nos presenta, no podremos ser devotos. La zarigüeya duerme todo el día, porque no quiere hacerle daño a nadie, sólo busca mantenerse fuera del camino y evitar conflictos. Puede que no nos envolvamos en problemas durmiendo todo el día, pero así no habremos hecho nada positivo. Hay muchas formas de ser incorrectos, no sólo siendo viciosos, aunque la gente viciosa puede perturbar la vida de los demás; a menudo nos limitamos a interrumpir nuestras propias vidas; algunos con su mala energía son un problema para todo el mundo. Dios no quiera que seamos ser uno de ellos.

Hay una historia acerca de un antiguo gobernante que sólo había conquistado un país. "Ahora que estoy en esta posición de gran poder," dijo, "Necesito un nuevo nombre que incluya también el nombre de Dios. Quiero a alguien que me sugiera ese nombre. "Sus visires se asustaron porque consideraron eso inadecuado. También consultó a los sacerdotes y sabios para que la ayudaran escoger el nombre apropiado, pero ellos también tenían miedo.

Finalmente, llegaron a un tonto sabio que dijo, "le daré un nombre."

Llevaron al hombre ante el conquistador. "He llegado a las alturas como un ser importante ", dijo, "He vencido tantos países y estoy a cargo de mucha gente. Dame un nombre que incluya a Dios, porque eso es lo más adecuado para mí ".

El sabio tonto lo miró directamente a los ojos, " tengo el nombre perfecto para ti: Que Dios lo Prohíba

Debemos reconocer las cosas que anhelamos y que Dios que Dios prohíbe, debemos saber eso acerca de nosotros mismos, ser honestos acerca de lo que somos. Si somos jugadores, necesitamos saber con qué frecuencia perdemos y escribirlo para no olvidarlo. Los jugadores deben dejar de jugar o se arruinarán sus vidas; los bebedores deben dejar de beber o afectarán sus vidas. Necesitamos reconocer nuestros problemas y cambiar. Nadie reconoce nuestros problemas mejor que nosotros. Un médico nos pregunta lo que está mal, si no podemos decírselo, no podrá ayudarnos. La gente puede hablar durante días con un psicólogo que no dice nada. En el análisis freudiano el psiquiatra podría no hablar durante mucho tiempo; él sólo escucha. Pero con Dios podemos hablar acerca de nuestros problemas, hacer de Él nuestro psicólogo, nuestro terapeuta, nuestro mejor amigo. ¿Por qué no establecer ese tipo de relación con Dios?

Y le decimos o no le decimos lo que Él ya sabe, aunque estamos convencidos de que ciertas partes de nuestra existencia están ocultas. ¿Tenemos momentos secretos en nuestras vidas, tiempos en que estamos ocultos de todos los demás? Pero no lo están de Dios, nada se esconde de Dios, no podemos esconder nada de Él. Tenemos que aceptar que Dios sabe todo lo que hacemos, de día o de noche, durante toda nuestra existencia. Él juzgará lo que hemos hecho.

Podemos utilizar el testigo que es nuestra sabiduría para juzgarnos a nosotros mismos antes de que Dios lo haga. Podemos corregir nuestras acciones con la sabiduría que Dios nos ha dado. No juzguemos a nadie más, porque ese derecho solo sólo le pertenece a Dios, solo debemos juzgarnos a nosotros mismos.

Esta comprensión se debe incorporar a nuestras vidas, algo en lo que hay que trabajar. Si se salva una vida se salva el mundo entero y la a primera vida sobre la cual se debe trabajar es la nuestra, porque se nos ha dado la responsabilidad sobre ella. Dios la ha puesto en nuestras manos, una responsabilidad llamada libertad cuya elección se nos ha dado. ¿La viviremos correctamente o estará sujeta a los caprichos de nuestro ser inferior y de las emociones pasajeras? ¿Estarán nuestras propias vidas en control o fuera de control? Tenemos la capacidad de establecer la naturaleza de nuestra existencia que es determinada por cada uno de los actos de nuestras vidas.

Los resultados o consecuencias de lo que hacemos no está en nuestras manos, pero la forma en de actuar sí. No podemos predeterminar los resultados en este mundo, pero si podemos actuar de una manera que aceptable para Dios. No podemos determinar ser ricos, pero si tener dignidad. Hay muchas cosas que están en nuestras manos. Nosotros determinamos nuestra dignidad, y entendemos lo que es. Si decimos algo debemos entender que significa o callar, si hacemos algo debemos proceder correctamente.

Debemos ser conocidos como personas confiables, cuya palabra significa algo, cuya presencia es útil porque ayuda a aliviar las tensiones, y hace las situaciones más fáciles. Debemos ser serviciales, amables, debemos ayudar a Dios en su creación, ser ayudantes y sus amigos. El mayor honor disponible cuando tomamos el control de nuestras vidas.

Que podamos llegar a esa estación gloriosa, ser amigos de Dios.

CAPITULO QUINCE

Cuanto más temamos confiar en Dios, en lugar de simplemente hacerlo y cuanto más nos preocupe la forma como otros muestran su confianza, menos confiaremos realmente.

CAPITULO QUINCE

En Dios Confiamos

Ayer se anunció que los Estados Unidos han emitido una nueva moneda de cinco centavos, y yo tenía curiosidad por ver cómo lucia. La anterior exhibe un retrato del presidente Jefferson y lo más importante para mí era comprobar si la parte delantera de la moneda también incluía la frase En Dios Confío y así lo hice

Esta frase, en Dios confiamos, es interesante. El primero de los Diez Mandamientos en el Nuevo Testamento afirma que Dios es solo Uno y no debemos tener otros dioses. Las primeras palabras de la fe en el Islam afirman que no hay más dios que Dios. Cuando fue colonizada América por los ingleses, los primeros colonos llegaron huyendo de las persecuciones religiosas y porque querían vivir en un lugar donde pudieran practicar el culto que escogieran.

Cada una de las primeras colonias practicaba su religión Cristiana de una manera diferente. Massachusetts fue colonizada por los puritanos que excluían a quienes no lo fueran. Maryland, La Tierra de María, fue fundada por Lord Baltimore, un católico. Todavía existe algo llamado el Catecismo de Baltimore, una versión del catolicismo. William Penn, un Cuáquero, tenía una tierra concedida a su padre por el rey de Inglaterra y la convirtió en Pennsylvania, con Filadelfia como su ciudad principal, que difiere de las otras colonias porque William Penn estableció la tolerancia con todas las religiones, permitiéndoles establecerse en allí.

Cuando las colonias formaron una unión, las deliberaciones se llevaron a cabo en Filadelfia y la filosofía de William Penn's prevaleció porque el cría que a todas las personas se les debe permitir practicar su religión como ellos la entiendan, que a cada religión se le debe permitir florecer en la comunidad. Nuestra Constitución fue redactada con este entendimiento, con la libertad no sólo para una religión específica, sino para todas. Las creencias de Penn y su manera quakera de pensar influenciaron nuestra Constitución.

En Dios Confiamos es una declaración muy general; no dice cómo hacerlo, se limita a declararlo. Cuanto más nos preocupa cómo lograrlo, en lugar de sentirlo simplemente y cuanto más nos importe la forma en que otros sienten esa confianza, menos realmente confiamos.

La relación esencial entre el hombre y Dios se pierde si estamos atrapados en o por las preocupaciones acerca de la metodología, con pensamientos de cómo tener esta confianza en Dios o como rendirle homenaje a nuestro Señor o conformar el ritual de la creencia en Dios. Perdemos si nos preocupamos por como le llamamos, cómo le rezamos a Él, quienes son sus representantes, las cosas que vinieron después a este mundo, no las cosas que originalmente nos proveyó. ¿Por qué sucede esto, ¿por qué estamos más preocupados por la manera como la gente confía en Dios que por el hecho real de la confianza en Dios? ¿Cuándo sucedió esto, lo que causó el cambio?

En la base de este entendimiento está la diferencia entre la tolerancia y la intolerancia. ¿Por qué algunas personas son tolerantes con los demás, ¿por qué algunas de las colonias establecieron prácticas excluyentes, ¿por qué Pennsylvania le permite a todas las personas hacer lo que les parezca correcto? ¿Por qué algunas religiones practican la tolerancia y otras son intolerantes? Cuando nos fijamos en todas las religiones vemos que, con los años, todas se han fraccionado en muchas sectas diferentes. No hay tal cosa como la religión cristiana, ni la islámica, ni la judía, ni la budista ni la hindú. Hay muchas sectas dentro de cada religión, algunas tolerantes, intolerantes. Algunas pueden llevarse bien con facilidad, y realmente no se preocupan por la manera en que confían en Dios. Otros exigen que a su manera en o no lo aceptan, no permiten la libertad de establecer una relación individual con Dios, insistiendo en que sólo se puede establecer de acuerdo con su camino y su forma de ver las cosas.

¿Por qué sucede esto, que hace que ocurra? La respuesta no es complicada: cuando un profeta moría, hombres comunes y corrientes eran encargados de las instituciones religiosas, y las cualidades de ellos se convirtieron en las de la religión. Si había sabios liderando la religión, hombres tolerantes y de buena voluntad, la organización permanecía tolerante y abierta. Si se eran hombres dominados por su yo inferior, en los cuales primaban los pensamientos viles, preocupados por su engrandecimiento y por el poder, la secta que controlaban adquirió esas cualidades. No tenía nada que ver con la fuente original, ni con la palabra de Dios. El hombre comenzó a usarla para establecer su poder personal.

Se nos dice que satanás puede recitar las escrituras. Si es capaz de recitar el Corán también puede recitar los Evangelios, la Torá, el Bhagavad Gita, y cualquier otra escritura. Esto significa que puede infiltrarse en una sociedad a través de su religión, utilizándola para sus propios fines.

Tenemos que entender esto para no ser no ser para ser atrapados en este tipo de cosas. Debemos estar libres de todas esas cosas, de todas las motivaciones del ego, estar seguros de que cuando nos involucramos con nuestra religión e involucrados con nuestras oraciones, no hay motivo para considerarnos superiores; debemos estar seguros de que nada de eso se ha convertido en parte de lo que somos y hacemos. Si no tenemos tolerancia hacia los demás, si no les permitimos seguir su propio camino, tendremos una buena indicación sobre nosotros mismos, sobre nuestra propia posición ante tolerancia. Hay una historia acerca de Moisés quien reprendió a un hombre por orarle a un ídolo. Cuando Dios le reclamó por qué lo hacía, Moisés le preguntó, "¿Qué quieres decir? él estaba orándole a un ídolo, no a Ti ".

Dios le dijo: "Tu no entiende su corazón, no ves su ternura, no entiende las medidas que está tomando para llegar a Mí, la devoción que siente por mí." La historia se repite en algunas tradiciones porque este ejemplo de ello es el más serio que podemos encontrar.

Hay una prohibición directa contra la adoración de ídolos, sin embargo, aquí tenemos a un adorador de ídolos y a un profeta reprendido por Dios reprender por censurar al adorador de ídolos. El punto establecido por la historia es claro, específico y estricto para enseñarnos que nunca debemos censurar a otro sin conocer su realidad. Hay una ley que tenemos que cumplir, pero solo se aplica a nosotros; no es para ser utilizada como un arma en contra de otra persona; es como una espada festinada a cortar lo que es incorrecto en nosotros mismos. Esta es la razón por la cual esa historia es tan importante; tenemos que entender el punto en situaciones más graves por lo que también vamos a aplicarlo en otros lugares, en situaciones de menor importancia. Si pudiéramos tener esta tolerancia y comprensión se desarrollaría y el mundo sería mucho más fácil para vivir.

He aquí una historia acerca de algunas personas que llegaron a orar en una estación de paso, donde no había ninguna indicación clara en qué dirección debería enfrentarse durante la oración. Los viajeros eligieron una e hicieron sus oraciones. Cuando otro grupo vino a orar se enfrentó a la dirección equivocada, y luego a la próxima hora de la oración, el primer grupo oró en la dirección que había elegido y los del segundo grupo preguntaron: "¿Por qué no nos lo corrigieron antes para que hiciéramos lo correcto?".

La respuesta fue: "No estábamos completamente seguros. Pensamos que no sería apropiado que los corrigiéramos si era posible que los equivocados fuéramos nosotros."

En este mundo se acostumbra a hacer todo lo contrario y a predicar "esto es lo que hago, esto es lo que tienes que hacer". Debemos tener la capacidad de asegurarnos de lo que hacemos, sin necesidad de que otros sigan nuestro ejemplo para validar nuestra conducta. La mayoría de las personas necesitan corroboración, que otros digan sí, usted tiene razón. Los que ejercen el poder necesitan que los otros estén de acuerdo con ellos, los dictadores no tienen hombres "No", ellos quieren tener hombres «sí». Los hombres 'No' no viven mucho tiempo en las dictaduras. Mientras que un gobernante sabio tiene asesores que estén de acuerdo o en desacuerdo con ellos, es flexible.

La tolerancia es una parte intrínseca de nuestra creencia en Dios, porque Dios mismo es tolerante. Si Él no lo fuera, pensemos cuál sería nuestra situación. Todos conocemos nuestras propias vidas, los errores que hemos cometido, cómo nos preguntábamos hasta que encontramos la respuesta. En esa época de errantes, cuando no tenemos conocimiento, cuando estamos perdimos, el pensar en Dios nos ayuda a encontrar el lugar adecuado. ¿Tendremos ese grado de tolerancia?

Dios ha dado al hombre Sus cualidades pero hay que recordar que ha reservado el juicio para Él. Si tratamos de irrumpir en el lugar que Dios ha reservado para sí, habremos hecho algo inadmisible, invadiendo un terreno prohibido. Además no nos está permitido hacer ciertas cosas, como entrar en un área que Dios ha reservado para sí mismo. La verdad es de Dios, no del hombre; sin embargo, hay quienes, en nombre de la religión venden entradas para el cielo. Esto sucede de muchas maneras diferentes y de manera continua. Hombres que no son profetas, que no son santos, se llaman a sí mismos una puerta; hombres que no son sabios asumen un cierto papel de representantes de Dios, algo que está más allá de su capacidad.

Tenemos que ver nuestras vidas y nuestro ser con una humildad que debe manifestarse en nuestra relación con los demás, con los amigos y conocidos, con todas las cosas. En el Juramento a la Bandera de los Estados Unidos de América decimos: "Una nación bajo Dios." No decimos cómo bajo Dios, nos limitamos a decir bajo Dios. Debemos prestar menos atención a la forma de hacerlo.

Esto no significa que tengamos que renunciar a nuestra propia manera de ser ni que tengamos que cambiar la forma en que nos han enseñado a adorar a Dios. No se confunda, el camino que nos han enseñado es nuestro camino, un camino que estamos convencidos es apropiado, de manera que debemos aferrarnos a él. Si los hombres sabios de nuestra tradición, si los profetas de nuestra tradición nos han enseñado que esta es la manera, es nuestra obligación seguirla; al mismo tiempo es nuestra obligación no tratar de imponer nuestro camino a los demás.

No hay coacción en la religión. Esto significa dos cosas; en primer lugar, no debemos tratar de obligar a nadie a creer como nosotros y en segundo lugar, no podemos forzar a nadie a creer lo que nosotros creemos. Forzar es una acción externa, con acciones sin el corazón, meramente rituales externos para guardar las apariencias. Gran parte del mundo está interesado sólo en las apariencias externas.

Debemos reconocer la diferencia y comenzar a interiorizar

A darnos darse cuenta de que nuestra relación con Dios es interior y la fuerza de nuestra relación es interna. En Dios confiamos también debe ser en Dios confío, soy ese testigo. ¿En qué consiste ser este testigo? Cada vez que oramos somos testigos; cada vez que oramos damos fe que no hay más dios que Dios.

¿Realmente cumplimos esto en nuestras vidas, vivimos como si tuviéramos confianza en Dios o hemos cambiado parte de esa confianza hacia otras cosas, como las empresas para las que trabajamos, a las empresas que poseemos, o a nuestros propios talentos? ¿Hemos confundido las cosas correctas que hacemos con nuestras propias capacidades? ¿Pensamos, he tomado el cuidado de esto, soy bueno en esto, entendemos que Él lo controla todo? ¿Le damos toda nuestra confianza a Él, aceptamos que Él está a cargo, que todo lo que existe está bajo su control? Es su voluntad que estemos aquí, su voluntad nos ha creado, su voluntad nos sostiene, es su voluntad que nos entendamos y que reflejemos Su gloria.

. Tenemos que entender nuestro lugar en el mundo que, de acuerdo con los profetas, es un lugar de gran iluminación. Cada ser humano es una luz que brilla a través de millones de universos. El mundo es sólo un diminuto átomo, pero las apariencias lo hacen parecer mucho más grande. La luz dentro de cada uno de nosotros es mayor de lo que imaginamos, mayor que nuestra visión, mayor que todo lo que podemos ver, oír, saborear, oler o tocar y está más allá de nuestra comprensión. Dios ha puesto en nosotros, una luz cuya fuerza tenemos que entender, pero que no se no se celebra. Inclinémonos ante ella, seamos obedientes y humildes ante ella. Ese es nuestro estado, el estado que necesitamos desarrollar internamente, convirtiéndose en vasos comunicantes para llevar su luz en su camino, no de alguna manera hemos desarrollado.

Al mismo tiempo tenemos que respetar todas las otras luces que andan por el mundo, y tenemos que pisar suavemente porque esta tierra es sólo una estación de paso, una parada temporal. Hemos venido aquí para aprender acerca de Dios, para conocer la verdad acerca de nosotros mismos y compartir el maravilloso misterio de la creación. Que seamos capaces de entender la verdad de nuestra naturaleza, la verdad de lo que somos y que caminemos humildemente, permitiendo que Su voluntad se manifieste para que lleguemos a ser su voluntad para manifestar en lo que realmente nos convertimos: en sus asistentes en la tierra.

CAPITULO DIECISEIS

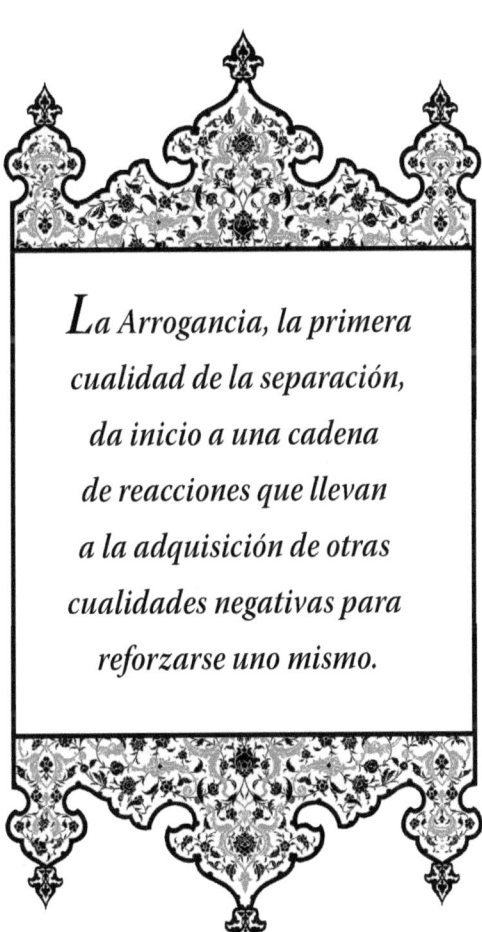

La Arrogancia, la primera cualidad de la separación, da inicio a una cadena de reacciones que llevan a la adquisición de otras cualidades negativas para reforzarse uno mismo.

CAPITULO DIECISEIS

La Arrogancia de la Murmuración

Que la paz y las bendiciones de Dios sean con ustedes, ahora y siempre. Satanás era un ángel que creía saber más que Dios. Cuando Dios le indicó que iba a darle vida al hombre como Su creación esencial, satanás no estuvo de acuerdo; cuando Dios dijo que todos los ángeles debían inclinarse ante el hombre, satanás volvió a disentir. Este fue el origen de la arrogancia, que comenzó cuando Satanás asumió que sabía más que Dios.

La arrogancia, primera cualidad de la separación, da comienzo a una cadena de reacciones y a la adquisición de otras cualidades negativas para reforzarse a sí mismo. Consiste en tener un camino propio, creyendo en su propia corrección y su derecho a ejercer el control. Cuando la arrogancia no puede hacerlo con un simple comando, se transforma en ira y esta involucra energía que se puede aplicar de muchas maneras diferentes, en el nivel individual, nacional o internacional. ¿Qué sucede cuando la arrogancia y su tropa de compañeros se levantan en las personas, que peligro representa esto.

Comienza con la necesidad de establecer una determinada posición y la negativa a apartarse de ella. La arrogancia en un individuo se basa en la creencia de una justicia propia y de que él o ella están absolutamente en lo correcto y los demás están equivocados. La gente puede pensar, en su arrogancia, que está protegiendo la palabra de Dios y que son los guardianes de la verdad, que sus opiniones la protegen. Mientras que la arrogancia de este tipo de pensamiento es evidente para algunos, no lo es para los arrogantes que creen proteger la verdad.

En una comunidad cuando la gente tiene puntos de vista divergentes de la verdad y siente la necesidad de forzar su visión de la verdad en los demás, ciertas cosas sucedan. En primer lugar está el chisme, pero de qué tipo? Se trata de encontrar faltas en los que no están de acuerdo con ellos para juzgar y condenar las acciones de una determinada persona en un marco crítico de referencia. Sin embargo, el juicio le pertenece a Dios, por lo cual al entrar en el ámbito de este tipo de juicio, estaremos negando el papel de Dios.

El chisme, que tiene la arrogancia en su raíz, sugiere que sabemos más y que no sólo nos conocemos mejor, sino que podemos juzgar las vidas de otras personas, sin siquiera una confrontación cara a cara, lo cual implica cierto grado de cobardía e incapacidad para hablar de manera franca con el individuo en discusión. Se nos ha dicho que si tenemos una divergencia con alguien, debemos resolverla; el chisme es la negativa a hacerlo, lo que hace el problema más enconado, como una llaga. Cuándo chismeamos estamos indicando que nadie quiere que el problema sea resuelto, sino que continúe, porque así podemos clasificar a los otros y diferenciar lo mayor de lo menor. La gente que dice chismes sobre son más bajos, somos más alto nuestra gratificación para la arrogancias. Creemos que la gente sobre la cual propagamos los chismes, es inferior y que nosotros somos superiores, y que esa es nuestra recompensa por ser arrogantes.

De dos personas involucradas en el proceso de chismear una habla y la otra escucha. Ambas están equivocadas porque se han involucrado en el proceso de poner un velo que las separa de Dios. Cuando involucramos cualidades que no pertenecen a Dios nos separamos de Él. Tenemos dos obligaciones: la primera, no hablar acerca de otros y la segunda no escuchar a los chismes acerca de los demás Tenemos que cambiar la conversación o alejarnos.

Diferenciar lo que está permitido de lo que está prohibido, unirnos a lo permitido y alejarnos de lo que no lo es, es la conducta esencial en este camino; no podemos nadar en la inmundicia sin oler como ella. Si tenemos ese hedor hay una buena posibilidad de que estemos nadando en ella, entonces tenemos librarnos de eso nosotros mismos, tenemos que purificarnos. Esto significa que necesitamos examinar nuestra propia condición seriamente, tenemos que purificarnos. La ablución es algo que se supone que debemos hacer antes de la oración, un ritual de limpieza, pero también tenemos que limpiarnos de maneras que ni siquiera hemos pensado. Hacerlo con nuestras palabras, nuestro pensamiento, y nuestras acciones para hacerlas más puras, sin malicia, sin intenciones impropias. A menos que podamos llegar a ese lugar, no estaremos limpios.

Tenemos que examinar nuestros motivos y nuestra limpieza en cada situación. Así como nos revisamos las uñas para ver si están limpias, debemos examinar nuestros motivos. Si son de autoservicio tenemos que cambiar para saber cómo hacerlo. Tenemos que examinarnos para ello en forma regular, sobre todo si tenemos en cuenta las fascinaciones, las ilusiones y las conductas artificiales de nuestra sociedad y las mentiras que ella perpetúa al decirnos lo que es bueno y malo para nosotros. Mirar las normas del bien y el mal en la conciencia popular: ser famoso es positivo, ser promiscuo es positivo, exponernos es positivo, el abandono total es alabado, burlarse de la moralidad es alabado, una actitud de desprecio por la sociedad es digna de elogio. Estas son las cosas que la cultura popular reconoce y admira.

Si no nos examinamos con las directrices de carácter más estrictas somos susceptibles a todo lo que nos rodea. Tenemos que aprender a evitar esa posibilidad, aprender a caminar lejos de ella y lo único que nos ayudará será entender que hay algo más grande que el mundo; una recompensa, un tesoro mayor que cualquier otra cosa que el mundo tenga y que lo encontramos al estar inmersos en las cualidades de Dios, no en las del mundo.

Tenemos que buscar ejemplos de ellas, recordarlas y mantenerlas siempre ante nuestra conciencia para que lleguen a ser nuestra piedra de toque, nuestros constantes recordatorios de lo que es verdadero y lo que es mentira. Tenemos que ver a través de las cosas y su realidad. A medida que escuchamos al mundo, este nos empujará, nos hará ir hacia la mentira; hay poca esperanza para nuestra pureza porque estamos demasiado ocupados luchando contra el mundo, y este nos tragará.

Hay una historia acerca de dos ranas toro enfrascadas en una lucha. Una de ellas trataba de trataba de tragarse a su rival, por lo cual abría la boca más y más mientras que la otra se inflaba y se inflaba para impedirlo. Siguieron haciendo esto hasta que se agarraron de tal forma que ello significó la muerte para ambas. Estamos tratando de tragarnos al mundo, pero al final vamos a morir. ¿Es ese nuestro enfoque sobre lo mortal y lo inmortal, lo temporal y lo intemporal? ¿Por qué creemos en lo temporal, porque hay cierta gratificación derivada de los pequeños placeres del mundo.

Hay dos tipos de placer, uno implica el deseo y el otro la gracia. Tenemos un cierto deseo, una codicia para el mundo, una energía sexual que se puede enfocar en muchas cosas diferentes; ambición de poder, codicia por el control.. ¿Alguna vez has visto a un elefante en frenesí sexual, ¿alguna vez has visto un enorme animal en celo? Nada los detiene, su arrogancia y su voluntad de satisfacer ese deseo son tan abrumadoras que pisotean todo a su paso. Los seres humanos también pueden ser así para su satisfacción temporal.

Mucha gente persigue cosas mundanas y se da cuenta que no está satisfecha con ellas. Algo así como un perro persiguiendo un coche, que esperará hacer con él cuando lo atrape? Perseguimos porque estamos acostumbrados a hacerlo. Necesitamos cambiar, dejar de hacerlo, dejar de perseguir y encontrar e integrarnos en la quietud de la existencia. Tenemos que saber que el verdadero valor de la vida no se encuentra en lo que vemos con nuestros ojos físicos, ni se encuentra en lo que tocamos con nuestras manos, ni en lo que llevamos sobre nuestras espaldas, ni en lo que le mostramos al mundo, ni en los títulos agregados a nuestros nombres, ni en las personas que controlamos o las cosas que se mueven cuando lo indicamos. Lo verdaderamente valioso y real radica en otro lugar que debe convertirse en el centro de nuestra intención, de nuestra voluntad de y nuestras vidas.

Que Dios abra nuestros ojos para verlo y nuestros oídos para oírlo. Que Él nos lleve cerca de Él para saber el verdadero valor de la creación.

CAPITULO DIECISIETE

*Se supone que debemos
entender
que el acto físico de la oración,
el rito exterior no es suficiente;
lo que sucede en el exterior
no es suficiente, algo tiene
que ocurrir en el interior.
Cuando oramos tenemos
que declarar nuestra intención,
de establecer nuestra intención
de que algo suceda
interiormente.*

CAPITULO DIECISIETE

La Paz, la Oración y la Sabiduría

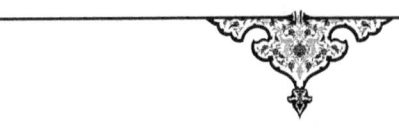

Que la paz de Dios esté con ustedes ahora y siempre. Una vez, cuando un hombre que estaba con el profeta Muhammad terminó sus oraciones el profeta le dijo: "Vuelve a hacer tus oraciones de nuevo, por que no las hiciste correctamente." Después de que el hombre había hecho sus oraciones de nuevo el profeta repite, "no oraste correctamente, haz tus oraciones de nuevo. "él las hizo la tercera vez, pero aun así el profeta le dijo:" No las has hecho correctamente, hazlas de nuevo. "Después de la cuarta vez que el profeta dijo," Tu no oras correctamente" el hombre preguntó: "Dime lo que tengo que hacer para orar de manera adecuada".

El profeta le respondió: "Ponte de pie y recita dos versículos del Corán hasta que encuentres la paz en ellos, entonces inclínate para que encuentres la paz al hacerlo, pon tu cabeza en el suelo hasta que encuentres la paz en el suelo, a continuación, siéntate hasta que encuentres la paz al sentarte".

Esta es una historia tradicional transmitida con un propósito especial. Se supone que debemos entender que el acto físico de la oración, el ritual exterior no es suficiente; algo tiene que suceder en el interior. ¿Cómo hacemos que ocurra algo en el interior, cómo podemos hacer esta conexión? Cuando oramos tenemos que declarar nuestra intención de hacer que algo suceda en nuestro interior y que se establezca nuestra conexión con Dios. Si llegamos a un estado de paz, nuestros deseos básicos estarán tranquilos; si eso nos ocurre podremos estar en contacto con el alma indiferenciada , con la paz que nos conecta con Dios. Tenemos que crear situaciones que calmen nuestros deseos, que hagan la paz para ellos y al conseguirlo nos pongan en paz con Dios, nos permitan orar y cumplir nuestras intenciones para llegar a tener una relación correcta con Dios.

¿Cómo podemos lograr la paz para nuestros deseos? Pensemos en la gloria de Dios. Ibn'Arabī llama el mundo un intérprete para Dios. A veces, mirar las cosas del mundo nos puede abrumar. Recientemente estuve en California donde tienen una especie de árbol, la secoya, tipo de cedro que crece a una altura de cien metros y alcanza quince metros de ancho, más grande de lo que podemos imaginar y que puede vivir más de dos mil años. Cuando me paré en frente de uno de estos árboles, me di cuenta de que estaba ante la presencia de un ser vivo que ha estado en la tierra desde la época de Jesús. El árbol era más alto de lo que mi imaginación podía concebir, más ancho de lo que mi imaginación podría proyectar y más viejo de lo que podía imaginar, tanto que mi imaginación dejó de funcionar, se congeló, porque vio la gloria de Dios, de lo que Dios crea, que es más de lo que podemos imaginar, pero esto no es más que su creación; ¿pero qué pasa con el mismo Dios?

Tenemos que estar en situaciones tan persuasivas que nuestra imaginación se adormezca y la maravilla de Dios nos abrume. Cuando estemos en este estado podremos encontrar la paz, que encontramos en los versículos de las Escrituras, la misma que experimentamos cuando nos sentamos a orar. Esto es algo que demanda esfuerzo y concentración. Hay cosas en nuestras vidas que nos dan paz y cosas que nos la quitan. Tenemos que tomar decisiones entre lo que nos da la paz y lo que nos la roba, elegir la dirección de la paz y mantenernos en ella.

Creemos que tenemos tantas opciones para tomar, distintos tipos de pasta de dientes, de coches, de pantalones vaqueros. Todas las cosas tienen sus nombres escritos, dicen elígeme y nos hacen pensar que hacerlo es muy importantes. Dios nos ha dicho que gozamos de libre albedrío, que podemos escoger lo que deseemos, más si tenemos en cuenta la historia de su propia vida vamos a nos daremos cuenta siempre ha habido una sola opción, elegimos a Dios o elegimos al mundo, y tenemos que repetir esa misma elección una y otra vez; Todos los días, una y otra vez, todos los años. Dios, en su misericordia, en su paciencia espera para que hagamos la elección correcta. Cada vez que nos equivocamos Él está dispuesto a perdonarnos, esperando que tomemos la decisión correcta. No nos desesperemos, no estemos tristes, ni deprimidos; la gloria de Dios está lista a perdonar, Él siempre está dispuesto a ello no importa cuántas veces tomemos la decisión equivocada. Él espera que hagamos lo correcto, este es Su camino.

Cuando un niño hace algo malo le explicamos lo que es incorrecto, lo perdonamos y le enseñamos a corregir su error. Dios nos ha enviado las enseñanzas, nos ha enviado a los profetas, Él nos ha dicho lo que está bien y lo que está mal, que decisiones debemos tomar y cómo actuar en diferentes situaciones. Tenemos las escrituras y las tradiciones que nos enseñarán a distinguir el bien del mal; hallar esa diferencia es parte importante de nuestras vidas, puesto que nuestras acciones llegarán a ser apropiadas; la atracción del mundo que nos llevaba en la dirección equivocada tendrá menos poder sobre nosotros y nuestra conciencia se desarrollará mejor. Luego, cuando nos encontremos en situaciones difíciles, sabremos qué hacer

Esto se llama sabiduría luego tenemos que llegar a ser sabios, porque esa es la puerta a la paz que nos lleva a Dios. Tenemos que trabajar duro para conseguirlo en compañía de aquellos que la conocen, escuchando lo que dicen, para empaparnos de sus palabras hasta que se convierten en parte de lo que somos. He pasado gran parte de mi vida bebiendo las palabras de un hombre sabio, un maestro sabio, palabras que ahora existen en mi corazón. Mi corazón se ha transformado.

Que ello suceda para cada uno de nosotros

CAPITULO DIECIOCHO

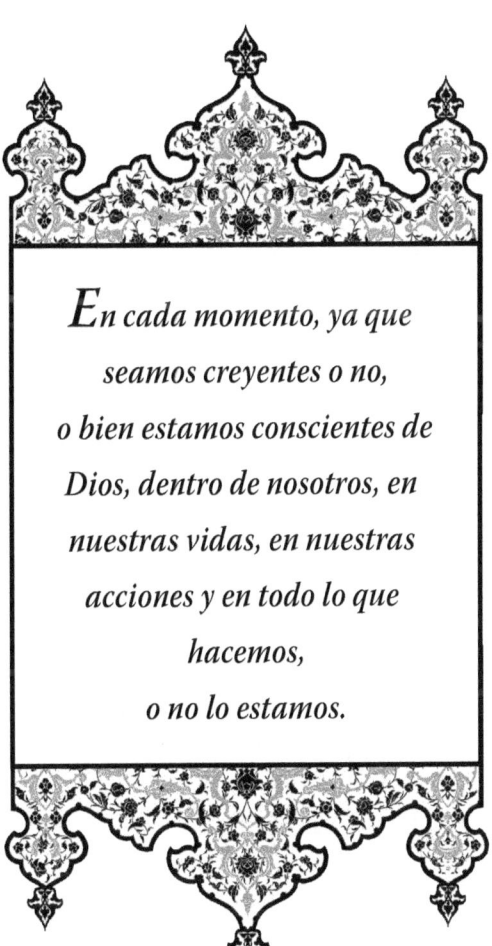

En cada momento, ya que seamos creyentes o no, o bien estamos conscientes de Dios, dentro de nosotros, en nuestras vidas, en nuestras acciones y en todo lo que hacemos, o no lo estamos.

CAPITULO DIECIOCHO

La Consciencia de Dios

¿Cómo hemos de entender la palabra creyente? Entre todas las diferentes definiciones a veces se ha utilizado para significar la consciencia de Dios y ¿qué significa esto? ¿Somos creyentes sólo cuando estamos conscientes de Dios, y no cuando no lo estamos, somos algo más entonces? En otras palabras, cuando Dios tiene un lugar en nuestra conciencia, en nuestros pensamientos y nuestra visión del mundo, vamos dar cuenta a Dios. En cada momento, ya sea que seamos creyentes o no, o somos conscientes de Dios dentro de nosotros, en nuestras vidas, en nuestras acciones y en todo lo que hacemos , o no lo somos.

Actuamos con esa conexión a Él o nos olvidamos de Él. Cuándo somos olvidadizos no somos conscientes de Dios, si no somos conscientes de Dios en esos momentos de descuido, no somos creyentes. Cuándo no somos creyentes estamos susceptibles a todos los males de la incredulidad: la duda, el miedo, la arrogancia, la envidia, la avaricia y así sucesivamente. Los que son conscientes de Dios se dan cuenta de que el camino de la negligencia y el olvido nos conducen a la duda. La creencia o la conciencia es el camino hacia la sanación, la cura para el olvido, para el error de estar involucrados en algo diferente a Dios y para la grave falta cometida de no tener a Dios con nosotros en estos momentos.

¿Qué sucede cuando perdemos nuestra consciencia de Dios, nuestra fe no son fuertes y la duda, el miedo y la ansiedad reptan en nosotros; todas esas condiciones que la fe corrige y les impide regresar; entonces hemos de repetir el proceso de deshacernos de esas cosas. Hay que entender que todos pasamos por esto, que la fe no es un hecho, y no es firme y sin esfuerzo. Tenemos estados de flaqueza interior y exterior hasta que logremos la estabilidad y necesitamos saber si lo hemos logrado o no. La diferencia es fácil de entender: ¿flaquea nuestra fe, hay momentos en que somos olvidadizos y tiempos cuando la duda se cuela? Esto significa que fluctuamos de un estado a otro, esta es la realidad de la existencia, la razón por la cual tenemos profetas y seres santos y sabios que nos pueden llevar de nuevo a los estados correspondientes. Antes de que se nos conceda un estado por Dios y sólo Él lo puede conferir, hay algo que necesitamos y es paciencia. Porque no depende únicamente del trabajo que hacemos, aunque no quiere decir que no tengamos que hacerlo, sino que debemos recordar que Dios da lo que Él elige, recibimos la gracia y un estado elevado en su tiempo, no en el nuestro.

Necesitamos paciencia mientras fluctuamos en estos estados. Podemos ser inconstantes y tenemos que saberlo para poder trabajar en ello, para estar al tanto de lo que está pasando en nuestras vidas. De lo contrario nos vamos a dormir y a permanecer en lugares más bajos por largos períodos, porque no tenemos la conciencia que nos rescate, la hemos olvidado. Cuando sabemos que somos olvidadizos en las cosas del mundo tomamos notas para recordarlas, lo mismo que hacemos con las otras partes de nuestras vidas, tenemos que tomar notas para recordarnos que estamos conscientes de Dios nos recuerdan que cuando somos susceptibles a todas las cosas del mundo esta conciencia nos deja, se va. Tenemos que tomar notas para restablecer nuestra fe y nuestra paciencia.

Tenemos que recordar los estados que hemos experimentado y vivirlos de nuevo, reconociendo que también somos capaces de olvidar. Tenemos la capacidad de ser la creación más sublime de Dios o de ser hipnotizados por el mundo. Este es nuestro estado dual, la situación de nuestra vida hasta cuando Dios nos concede una estación más allá de la dualidad, una razón abordar la senda de transformación de la paz que se nos ha dado, ¿por qué existe ese camino intermedio? En él podemos encontrar nuestro camino a través de todo lo que encontramos, firmes en la fe de que esto es así. He aquí una historia para ilustrar el punto.

Un hombre rico estaba entreteniendo un grupo de personas, bebiendo con ellas. Mandó llamar a su esclavo y le dijo: "Toma estos cuatro dinares, y ve a comprar más vino."

En el camino el esclavo pasó por el bazar donde un hombre santo estaba sentado, rodeado por unas pocas personas. El hombre santo habló: "Yo rezaré cuatro oraciones por la persona que me de cuatro dinares para comprar medicinas para un hombre enfermo."

El esclavo le dio los dinares diciendo "Aquí tienes para comprar la medicinas." El hombre santo le preguntó, "¿Qué oraciones quieres que te ofrezca "El esclavo respondió: "En primer lugar, me gustaría que ores por mi libertad; en segundo lugar, por el regreso de mi dinero; en tercer lugar para que mi amo vuelva Dios; y cuarto, me gustaría por la salvación tuya, mía, de tus amigos, de mi maestro y de sus amigos".

Entonces el esclavo regresó a su casa y su maestro le inquirió, "¿Dónde está el vino?". Cuando el esclavo le explicó lo que había sucedido el maestro le preguntó: "¿Por quienes pediste orar?"

El esclavo respondió: "Le pedí rezar por mi libertad."

El maestro dijo: "Eres libre, ¿qué más le pediste orar?"

El esclavo dijo: " Por la devolución del dinero."

El maestro respondió: "Te doy cuatro mil dinares; ¿por quién más pediste orar?""Pedí orar para que tu volvieras a Dios."

Su señor le dijo: "Renuncio a mis malos caminos y volveré a Dios, Y por quién más hiciste orar?" El esclavo respondió: " Por la salvación del hombre al que le que di el dinero y de todos los que estaban con él y contigo".

El maestro replicó: "Eso no lo puedo aceptar; ya te concedí lo que podía." En su sueño esa noche el amo del esclavo tuvo un sueño; escuchó una voz que le decía Has hecho todo lo que podías. No crees que yo voy hacer todo lo que pueda? "La voz anunció la salvación del esclavo, del amo y sus amigos, del hombre santo y su seguidores. Debemos hacer todo lo posible y tener fe. Dios hará lo apropiado. Necesitamos qué está en nuestras manos y que no lo está; debemos tener la paz de aceptar que ciertas cosas están solo en las manos de Aquel a quien la responsabilidad le pertenece. Esta es la fe que nos hará seguir adelante, entender que Él es misericordioso, Él es compasivo; si actuamos bien con Él, Él actúa apropiadamente con nosotros. Esto tiene que grabarse en nosotros,

En nuestra conciencia; volver a las anotaciones que hicimos cada vez que perdamos nuestra consciencia de Dios. Podemos revisar las notas y decir que sí, que lo recordamos.

Lo haremos con el entendimiento de que Dios es la paz. Cuanto más hagamos, más consciencia traeremos a nuestra vida, a nuestro ser, que se volverá más pacífico. ¿Por qué narramos estas historias, por qué nos mueven? Porque describen un cuadro de la fe, de un momento que nos abruma con el conocimiento de ella. Sabemos que somos capaces de tener fe porque la hemos experimentado, la hemos visto y sentido en nosotros mismos. A veces es más difícil, pero tenemos que fortalecernos con la convicción de que tenemos la capacidad de recordar, de seguir adelante hacia los recuerdos. A medida que avanzamos encontramos más y más formas para mantenernos ahí, descubrimos que es más importante que la satisfacción que tomamos de nada en el mundo. Nos encontramos satisfacción en que el hambre. El mundo dice que debemos estar satisfechos con lo que tiene que ofrecer; sin embargo todo resulta ser diferente de lo que el mundo nos dice, en el sentido de que satisfacción significa tener más que lo necesario, más la verdad es que la verdadera satisfacción descansa en comprender lo que no podemos conseguir del mundo y apetecerlo.

Un exceso de cosas del mundo nos enferma, con diferentes males. Muchos posesiones nos generan avaricia, arrogancia; la comida excesiva causa diferentes enfermedades. La saciedad mundana termina en algún tipo de enfermedad, pero sabemos que el hambre por conocer a Dios es la cura. Hay un dicho que si ella se vendiera en el mercado, seríamos unos tontos si comparamos cualquier otra diferente.

Una vez un hombre que vestía ropa muy fina preguntó a un hombre sabio si su ropa era apropiada para la humildad. El sabio respondió: "Dios es hermoso y disfrutamos de su belleza."

Humildad significa interactuar de manera apropiada con

otras personas, ser humildes en nuestra interacción con los demás. Entender siempre el equilibrio, entender lo que es real y lo que no, lo que vibra con Dios y lo que no. No podemos exagerar ni podemos enfatizar de manera desbordada ni actuar sin énfasis, ni extasiarnos demasiado por nada. Mantenernos flexibles, vivimos en el mundo y tenemos que hacerlo de manera adecuada, con dignidad y respeto, buscando la manera de vivir con la dignidad y respeto en nuestra relación con Dios y ser conscientes de ello. Debemos aprender a recordar, cómo crear momentos de remembranza, de fe fuerte, momentos de trascendencia cuando el mundo no nos decepciona, cuando estamos listos para Dios y para la paz verdadera que Él ofrece.

Que nuestro camino sea fácil, que tengamos que uno hambre en nuestras vidas que puede ser satisfecha.

CAPITULO DIECINUEVE

*Una vez que entendemos
las dificultades de los demás,
cuando su dolor
es nuestro dolor,
su hambre
nuestra hambre
y su alegría
nuestra alegría,
entonces habremos
logrado la libertad.*

CAPITULO DIECINUEVE

Misericordia y Alegría

Los profetas fueron enviados como un acto de misericordia para el mundo; Jesús Mahoma y Moisés vinieron como una misericordia para el mundo. En total, ciento veinticuatro mil profetas fueron enviados a la humanidad por Dios, como muestra suprema de su amor por nosotros, para instruirnos en el conocimiento de Él. Si Dios envió a ciento veinticuatro mil profetas Él debe cuidar el mundo, Él de tener algún interés en lo que pasa aquí. Pensar que ha abandonado el mundo, que no hay nada en él para aprender aquí, es una manera inadecuada de pensar. Tenemos que descubrir por nosotros mismos lo que hay que aprender, el por qué nos pusieron en este mundo. Entendemos que no estamos en este mundo porque así lo quisiéramos sino porque Dios nos quería aquí, y ya que Él lo dispuso hay una gracia, una gloria en esto, y un servicio y un deber que cumplir.

Para llegar a ese estado de gloria, en el que entendemos nuestra razón de estar aquí, hemos de comprender algo acerca de nuestro Creador. Se ha dicho que Dios creó al hombre para verse a sí mismo en su creación. ¿En qué parte podía Él hacerlo?

La creación es como Él, y la creación como Él es un ser humano perfecto. En un sentido, Dios creó este mundo para que un ser tan perfecto existiera.

¿Qué estamos haciendo para convertirnos en ese perfeccionado, y verdadero ser humano; ¿qué estamos haciendo en relación con toda la creación para cumplir ese propósito? Tenemos que centrarnos en esto, actuando para cumplir con el propósito de la creación? Entender que sin este verdadero ser esta no sería necesaria, sólo existe porque Dios lo quiere. Si Dios no va a entonces no existiría. No sólo lo hará, Él también lo sustentará, si dejara de sostenerlo por un instante toda la creación desaparecería. Esto significa que Él siempre está involucrado porque Él mantiene lo sustenta, ¿cuál es nuestra posición, ¿qué hacemos a cambio de este sustento? ¿Gustamos de la misericordia concedida a nosotros, podemos entender su alcance, nos gloriamos de su misericordia? ¿Compartimos la alegría implícita en esta creación? En la descripción del Antiguo Testamento sobre el principio de la creación se nos dice que Dios vio lo que Él creó y consideró bueno cada aspecto de su existencia? ¿Por qué entonces no somos capaces de comprender la alegría interior inherente a ella.

No es difícil encontrar razones que nos impidan ser felices: podemos hablar de los conflictos también podemos hablar de los problemas en nuestras propias vidas y en nuestras propias circunstancias. Mientras nos limitemos a circunstancias que están de una relación con Dios, estamos demasiado enfocados en ellas. Nuestro apego a las cosas mundanas causa los problemas. Si no estamos apegados a estas cosas y si no tenemos expectativas específicas, podemos estar alegres. Cuando nos sentamos aquí entre nuestras expectativas, a la espera de que esto suceda y sobre todo si no ocurre, nos vemos afectados, sufrimos por no conseguir lo que queríamos, lo que esperábamos. Entonces estamos en dificultades, sentimos lástima por nosotros mismos, pensamos que no hay razón para estar aquí, aunque eso no es cierto.

Estamos aquí porque Dios nos puso, Él lo hizo y eso es razón suficiente. Debemos ser positivos respecto, entender la diferencia entre lo positivo y lo negativo, lo que significa ser negativo y lo que hace a nosotros y a todos los demás. La negatividad nos lleva a un lugar donde no podemos ver la alegría, enviada a este mundo, un lugar donde no entendemos la misericordia de Dios. Nos mantiene alejados de la compasión y la misericordia, nos impide amar, y si no podemos amarnos no podemos ser felices, para nosotros mismos ni para los demás. Este es un simple entendimiento, no podemos ser felices para nosotros solos.

Si todos nos preocupamos por lo que va a pasar con nosotros, ¿cómo vamos a llegar a la cima, a ser felices, exitosos?, nunca vamos a estar satisfechos porque la satisfacción no se puede encontrar allí, No en un solo lugar, sino en la comprensión de la misericordia extendida a toda la humanidad. Todo se ajusta a la regla de oro: hacer a los demás lo que te gustaría que te hicieran a ti. Tenemos que compartir con los demás lo que anhelamos para nosotros, querer las mismas cosas para los demás que para nosotros mismos. Si deseamos algo sólo para nosotros, lo encajonamos, creamos una jaula que se convierte en ese lugar incómodo en el que vivimos. No hay libertad en ella, es la cárcel de la auto-obsesión, nuestra inclinación constante a preocuparnos solo por nosotros mismos. La inclinación a considerar a los otros, a entender las dificultades de los demás nos expande nuestros horizontes.

Eso impide pensar sólo en nosotros, haciendo que nuestros pensamientos lleguen a los demás, que sean inclusivos. Si compartimos la alegría que todos los demás en el mundo sienten, pensemos en cuanta alegría podremos tener; si no compartimos la alegría de los demás, sólo podemos disfrutar de lo que existe dentro de nosotros mismos. Pero no es sólo dentro de nosotros, está en todas partes. Dios está en todas partes, Él existe dentro de toda la humanidad, en todas las situaciones. Si sólo pensamos en nuestra situación limitamos nuestro estado, regresamos a esa jaula de, tapiados a cal y canto, inseguros, egocéntricos, narcisista. Esto no hace que la libertad sea fácil de lograr. Una vez que entendemos las dificultades de los demás, cuando su dolor es nuestro dolor, cuando su hambre es nuestra hambre, su alegría nuestra alegría, entonces hemos logrado la anhelada libertad.

Cuando vemos que algo bueno le sucede a alguien más ¿compartimos la bondad de ese hecho y somos parte de todas las cosas positivas que vemos? Al aprender cómo hacerlo creamos oportunidades para expresar alegría, felicidad y libertad sin importar las circunstancias. Podemos vivir en un lugar pequeño y ser libres, porque no estaremos constreñidos por nuestro entorno, seremos parte de todo y de todos. Compartimos la alegría del mundo, porque conoceremos su origen. Sabemos que la fuente de toda la alegría es Dios, celebramos la reconocemos en cada rostro la gloria, su verdad, y encontramos su amor en todo el mundo. Ahora entendemos Su misericordia y su compasión, entendemos la la grandeza de los innumerables dones que Él nos ha conferido y compartiremos esa piedad y compasión.

Dios es esa esencia que es la compasión, y nos permite sentirla. Dios es la esencia de la misericordia, y Él nos permite compartirla; Él es la esencia de la gratitud, y Él nos permite compartirla; Él es la esencia de la paciencia y Él nos permite compartirla. Nuestro Señor nos ha creado para que podamos participar en Él como Él participa en nosotros; Él nos creó para conocerle como Él nos conoce. El gran misterio del mundo es el hombre en Dios y Dios en el hombre. Cuando participamos en la alegría de los demás, sentimos alegría, cuando entendemos la alegría enviada o al mundo podemos compartir la alegría que es nuestro Señor, en la luz que Él ha ofrecido a este mundo, entonces la radiante luz de su plenitud y de sus profetas se convierte en realidad para nosotros, seremos parte de ella.

Tenemos que liberarnos de las cadenas del egoísmo que nos mantienen abajo. Cuando dejamos de preocuparnos y de pensar solo en nosotros mismos, alcanzaremos s libertad de ser felices en Él. Cuándo nos separamos de nuestras circunstancias individuales, existirá para nosotros la alegría del mundo que vive en nosotros Lo que se nos da guarda proporción con nuestra capacidad de dar y compartir, no en proporción de nuestra capacidad para recibir. Cuanto más damos más se nos da, cuanto más compartimos nuestra alegría más alegría nos será dada. Entender que la misericordia fue enviada a cada uno de nosotros, por lo que es nuestra responsabilidad compartirla con todo el mundo.

Que Dios nos dé la capacidad de ser misericordiosos y compasivos.

CAPITULO VEINTE

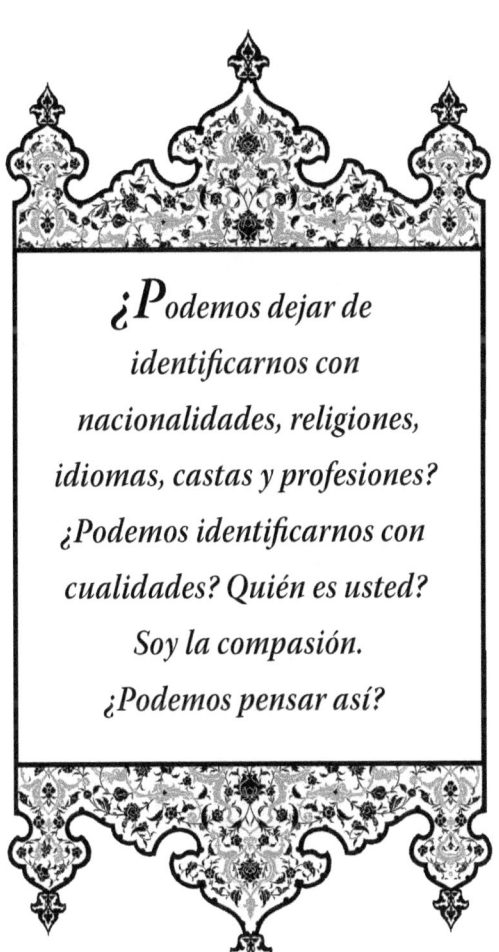

¿Podemos dejar de identificarnos con nacionalidades, religiones, idiomas, castas y profesiones? ¿Podemos identificarnos con cualidades? Quién es usted? Soy la compasión. ¿Podemos pensar así?

CAPITULO VEINTE

Identidades

Todos estamos etiquetados con ciertas identidades. El país de donde somos, la lengua que hablamos, nuestra edad, nuestro género, nuestra raza, nuestra religión. Nuestro cuerpo tiene todas estas diferentes identidades. Pero dentro de nuestra cabeza no hay otro ser, una identidad que le hemos dado nosotros y que llevamos en nuestra mente y es lo que pensamos que somos. Esta identificación podría, de hecho, cambiar con el tiempo porque a veces alteramos nuestra percepción de lo que somos y cómo entendemos lo que somos, lo que esperamos o no esperamos de nosotros mismos.

Esta percepción puede ser tanto positiva como negativa, alegre desesperad; esta versión tiene una variedad de actitudes, pero es el centro de nuestras creencias, las que dictan nuestros pensamientos y actos. La percepción de lo que somos está en la raíz de la forma en que nuestro cuerpo actúa y de las cosas que hacemos. Para entender nuestra existencia debemos preguntarnos qué pensamos que somos, cómo nos etiquetamos, ¿qué importancia le damos a esa etiqueta, cómo afecta la forma en que vivimos. ¿Nos etiquetamos basados nuestra nacionalidad, idioma, color, fortaleza económica, la riqueza o la pobreza? ¿Cuánto de lo que hacemos en el mundo se relaciona con nuestra identidad? Si somos doctores, eso es lo que creemos que somos? ¿Si somos maestros, qué pensamos de nosotros como maestros? Si hacemos encurtidos esa una gran parte de nuestra identidad, o es sólo lo que hacemos?

Así como no podemos diferenciarnos de los múltiples datos demográficos, somos parte del mundo, no podemos diferenciarnos significativamente de los demás. Sin embargo creamos categorías distintivas tanto para nosotros como para los demás. Hablemos de las categorías, la demografía y esencias humanas esenciales. ¿Qué somos? ¿Somos los inicialistas en nuestra gorra de béisbol? ¿Estamos en el equipo deportivo de nuestra ciudad o en el color de sus uniformes? ¿Parecemos disfrutar de identificarnos con las cosas que percibimos como positivas, por qué elegimos ser identificado así, que motiva que elijamos esa identificación

En Alemania durante la Segunda Guerra Mundial no hubiera sido inteligente para alguien identificarse como judío, porque habría sido asesinado; en algunas partes de la India no sería inteligente identificarse como musulmán, en otras partes de la India no es inteligente decir que se es hindú; en distintos lugares en el mundo tenemos que elegir nuestra identidad con cuidado si queremos llevarnos bien con los demás. Si aspiramos a un cargo de elección popular en Filadelfia debemos identificarnos como demócratas; un republicano en Filadelfia no tiene posibilidades de ganar. . Si vivimos en el condado de Chester, a las afueras de Filadelfia debemos identificarnos como republicano, un demócrata no va a ganar. Hay beneficios obvios en ciertas identificaciones en el mundo. ¿Entendemos nuestros motivos cuando elegimos la nuestra? Supongamos que somos un funcionario republicano elegido en el condado de Chester, pero nos mudamos a Filadelfia, cambiaremos nuestro partido para permanecer en la política?, ¿podríamos hacer eso?

Qué significa la identidad para nosotros? Si nos movemos desde Filadelfia a San Diego, tenemos ahora un interés especial en los equipos de deportes de San Diego, podemos cambiar el color de la gorra de béisbol? ¿Eso de ninguna manera nos cambia, los intereses actuales, las necesidades o las cosas que nos benefician cambian la forma en que nos identificamos? Ser un intocable, la casta más baja en la India, es muy difícil. Muchos intocables se convirtieron al Islam y al hacerlo ya no eran intocables. Los que pertenecían a la casta más alta no podían entender por qué los intocables se convertían tan fácilmente, no podían entender qué los intocables querían dejar de serlo puesto que para un brahmán de la casta más alta eso era sólo una parte del sistema, de la forma como estaban las cosas. Necesitamos trabajar genuinamente en la idea de quienes somos. Sabemos de títulos, sobre su obtención.

La gente hace esto buscando un mayor estatus. Incluso etiquetamos lo que consideramos extraordinario como estrellas o superestrellas, pero en la búsqueda de nuestra propia identidad tenemos que reconocer como nos etiquetamos y a donde nos llevan esas diferentes identidades. Hay un antiguo Sufí que dice el sufismo solía ser un estado sin un nombre, ahora es una filosofía sin estado. Esta es otra forma de decir que era un estado sin un nombre, y ahora es un nombre sin un estado del ser. ¿Nuestras identificaciones tienen que ver con lo que somos internamente, con nuestro estado de ser.

Son aquellos que se llaman a sí mismos cristianos ejemplares de Jesús, o significa que su madre y su padre eran cristianos? Son los musulmanes ejemplares de Mahoma, o se llaman así porque su madre y su padre eran musulmanes? Los seguidores judíos des Moisés son reales creyentes se denominan así porque su madre y su padre eran judíos? ¿Cómo elegimos nuestras identidades, qué tan profundas son, que toca realmente nuestra realidad?

Hablamos de la naturaleza temporal del mundo, de la necesidad de recurrir a algo que no es temporal, a algo que persiste. Nuestras etiquetas son temporales, todo lo externo, lo mundano, las connotaciones demográficas son temporales. ¿Podemos existir sin estas etiquetas? Se ha dicho que cuando estoy aquí Dios no está, y que cuando Dios está aquí yo No estoy. ¿Podemos existir en este estado, qué nos sucede cuando nos liberamos de las etiquetas? Estar libre de ellas significa más que eso, todavía hay algo aquí. ¿Qué pasa, qué pasa cuando somos libres de ellas? Sabios Maestros dicen que este es el estado de un verdadero ser humano. ¿Cómo nos convertimos en ello, en seres humanos, cómo podremos descartar las etiquetas.

Las cualidades que asumimos y en las que nos convertimos son la esencia para convertirnos en verdaderos seres humanos.

¿Podemos dejar de identificarnos con las nacionalidades, religiones, idiomas, castas y profesiones? ¿Podemos identificarnos con cualidades? Quién es usted? Soy compasión. ¿Podemos pensar de esta manera, podemos alterar la manera de pensar acerca de nosotros mismos, cambiar la imagen por la compasión? ¿Podemos dejar de pensar en nosotros mismos como un cuerpo, para pensar como alguien que disemina el amor incondicional? Quién es usted? Soy un vehículo para el amor de Dios. ¿Podemos pensar de esta manera, cambiar la percepción de nosotros mismos lejos de las definiciones mundanas?

La demografía mundana no tiene categoría para los amantes de Dios. ¿Podemos dejar de ajustarnos a las definiciones del mundo, redefinirnos en términos de lo que hemos sido creados para ser y que la mayor parte del mundo ha perdido de vista? Cuando los científicos no pueden explicar las cosas postulan teorías que se dan por ciertas, pero son solo eso: teorías. A pesar de que el mundo no nos puede etiquetar de manera correcta y continúa asignándonos etiquetas, porque no se nos ha enseñado cual es nuestra verdadera naturaleza, y seguimos utilizándolas. Tenemos que tener cuidado, reaccionamos ante nuestras propias etiquetas, respondemos al nombre de la que utilizamos. Cuando el equipo de béisbol que apoyamos batea un jonrón nos ponemos de pie y lo animamos; si lo hace el otro equipo, gemimos y protestamos.

Un equipo deportivo es un buen ejemplo; después del partido todo el mundo se va a casa. De vez en cuando hay violencia entre los aficionados, aunque no muy a menudo. Y sin embargo, las etiquetas causan grandes problemas, ver cómo el mundo se ha dividido en equipos con armas y equipos con bombas. Ahora la pregunta es muy grave, a cual equipo pertenecemos, ¿cómo nos etiquetamos a nosotros mismos? El modelo que creamos dentro de nuestra cabeza es el que controla los pensamientos y los actos del cuerpo. Hasta hacemos s esto individualmente, tomando el tiempo para pensar en ello y podemos ser manipulados por los fabricantes de etiquetas del mundo. Algunos lo han entendido como una forma de manejarnos. En todos los países hay etiquetas que según cada cultura tiene actitudes sutiles, tan diferente que nunca nos llegaremos a imaginar.

Cuando los músicos americanos intentaron reproducir los ritmos interpretados por músicos africanos de Paul Simon, uno de ellos dijo si no hubieran crecido comiendo eso como desayuno, nunca serían capaces de tocar así. Si no crecemos con ciertos prejuicios y predisposiciones como alimento para el desayuno, nunca lo entenderemos.

Todos crecimos actitudes alimentarias para el desayuno como niños. ¿Qué eran, cuales tenemos todavía, cuáles empujan nuestros botones y nos hacen reaccionar? ¿Qué hemos hecho para vaciarnos de ellos, para reclasificar la existencia, para rehacer la imagen que tenemos de nosotros mismos? ¿Qué hemos hecho para convertirnos en ejemplos de la verdad, de la realidad, ¿qué hemos hecho con nuestras vidas, para llegar a ese punto?

Debemos pensar en esto y pedir la ayuda de Dios para comprender la verdad que se encuentra dentro de las cosas que no podemos ver, que son más poderosos que las etiquetas que si podemos ver, todas las etiquetas con las que el mundo nos rotula.

El amor de Dios está en el corazón de todas las cosas; podemos transformarnos en el amor, en la compasión con Su ayuda, con Su guía, con Su gracia y la ayuda de todos los profetas que nos han traído su mensaje. Tenemos que ser transformados, convertirnos en la verdad misma para entrar en la realidad. Si queremos conocer el amor, tenemos que actuar con amor. Necesitamos confiar en Dios, tener fe y hacer un gran esfuerzo. Tenemos que analizar, profundizar, ser transformados para entonces poder estar en paz con nosotros mismos y con lo que somos. Tener paciencia, evitar prisas, quedarse quieto el tiempo suficiente para el descanso, la paz. De la paz viene el amor, del amor viene la paz, se entrelazan.

Que Dios nos permita conocer ese estado.

CAPITULO VEINTIUNO

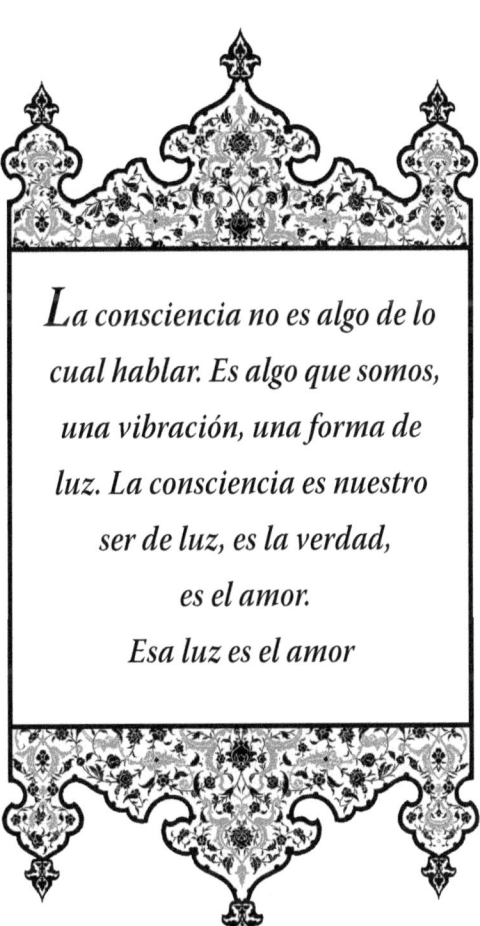

La consciencia no es algo de lo cual hablar. Es algo que somos, una vibración, una forma de luz. La consciencia es nuestro ser de luz, es la verdad, es el amor.
Esa luz es el amor

CAPITULO VEINTIUNO

Lo Que el Amor Tiene que Ver con Esto

¿Incluimos a Dios en nuestras vidas o nos lo dejamos afuera? Cuando decimos que vamos a hacer alguna cosa si Dios quiere, es esa sólo una manera de evitar de evitar el compromiso de hacerlo? ¿Utilizamos el "si Dios quiere" como una excusa para ser no involucrarnos, para disimular que somos indiferente y no asumimos la responsabilidad? La capacidad de comprometernos puede ser analizada de diferentes maneras, en distintos niveles, que son el reflejo de un estado o de una situación. La diferencia entre un estado y una situación es la diferencia entre estar en un lugar, por un momento fugaz o estar en un lugar donde nos quedamos en realidad, puesto que vivimos allí.

¿Estamos en paz por un minuto, una hora, un día, una semana, o estamos de verdad en paz? No somos coherentes en relación con nuestro yo superior, a veces funciona la defensa de nuestra conciencia, pero luego retrocedemos. Mientras el ser superior domine, existiremos con ciertas cualidades, pero si no podemos mantener este nivel, caeremos de nuevo al del ser inferior. Se necesita una capacidad específica para conservar nuestro estado, además de perseverancia y equilibrio. Caminar por esa cuerda floja requiere equilibrio, si lo perdemos nos caemos. Dicen que esta senda es más fina que un cabello y que se parece al filo de una espada.

Podemos mantener ese estado de equilibrio? Si nos quitamos

los rituales, las palabras, las batas, el arnés, los colores, las barbas, el afeitado de la cabeza, podemos mantener ese equilibrio, ese estado? Todos podemos usar un traje, pero ¿podemos permanecer en un estado de amor, no importa las dificultades que enfrentemos? Ese es el asunto ¿cuál es la diferencia entre religión y misticismo, entre el estado místico y el apego a una religión. ¿Podemos habitar en ese espacio donde existe el amor?

Una vez escribí un poema sobre un hombre prudente, que camina por las calles con un pedernal para iniciar fuegos. Algunos se acercaban a él con cubos de agua y otros con un fuelle. Quienes somos, aguadores o soplamos el fuego para avivarlo? ¿Quiénes somos? Si nos hacemos esta pregunta, si seguimos pidiendo más de todo lo que sucede a nuestro alrededor, perdemos nuestro equilibrio. Si estamos caminando por la cuerda floja viendo lo que está pasando en el público y tratando de escuchar lo que las personas dicen, perdemos el equilibrio. Nuestro centro debe ser establecido y accionado. Debemos ser conscientes de lo que somos y como somos cuando vivimos en un estado de amor y cuando no estamos é y conocemos la diferencia. Esto significa que necesitamos un observador interior, alguien justo dentro de nosotros mismos que vele con fiera honestidad, que haga un balance de manera imparcial, alguien que vigile y rinda los informes. Cuando actualizamos nuestro observador se abre la posibilidad de progresar; si no somos capaces de hacerlo, si no nos evaluamos de manera constante nuestro estado nos quedamos en el mismo allí; incluso si pensamos que nos alejamos, no nos movemos porque no estamos involucrados activamente en el proceso de seguimiento y análisis de nuestro estado.

El líder de una comunidad sagrada tiene la potestad de amar a todos los miembros de su comunidad, Dentro de ella hay muchos capaces de amar a unos pocos, otros pueden hacerlo con unos pocos, otros a la mitad de los anteriores o tan solo a uno o dos.

¿Podemos llegar a un punto en el que nos encante interactuar con, todas las personas? Hemos sido colocados en un entorno limitado, en contacto con un número limitado de personas. Nosotros no determinamos qué estamos en contacto con las personas que encontramos, son un hecho. No debemos preguntarnos cómo son sino cómo somos. No necesitamos inquirir nada acerca de su relación con nosotros sino sobre nuestra relación con ellos, ni tampoco si nos gustaría amarlos. Tenemos que hacer un análisis concienzudo con el propósito de limitar nuestro ser egocéntrico.

Logramos esto con un control constante de la motivación y sabiendo cual son nuestros motivos cuando interactuamos con la gente: ¿queremos algo de ellos, queremos agradarlos, que hagan algo por nosotros, que nos gratifiquen de alguna manera? ¿O nuestra motivación es servirles, hacer lo mejor que podamos por ellos? Si queremos progresar en este camino debemos mirar a los seres iluminados, observar lo que hacen. Ellos dan sus vidas, su absoluta atención, nos ofrecen lo que necesitamos. Son como los médicos. Nosotros podemos ser médicos para todos los que conocemos si entendemos lo que hace este tipo de médico? Cuando interactuamos con los demás nuestro estado trae el amor a la ecuación, somos un bálsamo para las heridas del mundo o somos como la sal? ¿Somos a veces bálsamo y a veces sal? ¿Reconocemos si actuamos como ésta seriamente y con el propósito de que amen nuestra esencia? ¿Hemos entendido esto muy bien para llegar a provocar el fuego del amor en otros con nuestros pedernales? Todos tenemos pedernales, podemos encender con ellos? ¿Cuándo la gente nos arroja agua y los moja, los tiramos lejos o los secamos y lo intentamos de nuevo?

Mientras caminamos por la vida tratando de iniciar el fuego del amor, siempre habrá aquellos que quieren apagarlo. De hecho, todos hemos pasado por una experiencia cuando queríamos apagar un fuego. Esto significa que podemos reconocer en los demás sin ser autosuficientes. Hubo un tiempo cuando nada queríamos, no estábamos preparados para cosas nueva y no íbamos a permitir que algo o alguien, nuevo o diferente, perturbara las ideas que nos hacían sentir cómodos; nadie podría cambiar nuestra forma de pensar y actuar. ¿Somos conscientes de lo que está pasando dentro de nosotros, en nuestro propio estado de consciencia? La consciencia no es algo de que hablar, la consciencia es algo que somos, una vibración, una forma de luz. La consciencia es nuestro ser de luz, es la verdad, es el amor. Esa luz es el amor. Si este no surge esta luz no brilla no surge la verdad y nos quedamos en un estado inferior, que necesitamos alterar, reemplazar. Parte de nuestro problema inicial es sentir pesar por el dolor que llegamos a causar a los demás por no reconocer la verdad en el pasado.

Necesitamos coraje para examinar esa parte de nosotros que ha causado dolor a otros. Al sufrir por el reconocimiento de la conducta inapropiada nos purificamos. Esa es la expiación; el perdón verdadero significa someterse a ella. Cuando tememos enfrentarla no estamos dispuestos a aceptar que la misericordia existe. Incapaces de ser misericordiosos nosotros mismos, tememos que la misericordia no existe. Escrituras nos recuerdan una y otra vez que Dios es misericordioso. Si eso es lo que tenemos que estar dispuestos a entrar en la arena de juicio, hacen que el juicio sobre nosotros mismos, hacer los cambios. No juzgamos a los demás, hay una diferencia entre juzgar nosotros mismos y juzgar a los demás. Eso nunca se le ha dado a nosotros, Dios ha guardado juicio para sí. Una vez que nos juzgamos a nosotros mismos lo suficientemente adecuada para cambiar por completo, no tenemos que enfrentar su juicio, lo que se haya terminado. Las escrituras nos recuerdan una y otra vez que Dios es misericordioso. Si eso es así tenemos que estar dispuestos a entrar en la arena del juicio, juzgarnos a nosotros mismos, hacer los cambios. No juzgar a los demás, pues hay una diferencia entre juzgarnos y juzgar a los demás. Ese privilegio nunca se nos dado a nosotros, Dios ha guardado el juicio como prerrogativa suya. Una vez que nos juzgamos lo suficiente para cambiar por completo, no tendremos que enfrentar Su juicio, que ha terminado.

Hemos hecho tantas cosas inapropiadas en nuestra vida, a veces porque no sabíamos. Uno de los diez mandamientos nos dice no levantar falso testimonio, pero eso no es lo mismo que decir que no debemos mentir. No podemos no mentir si no sabemos la verdad Dios no nos daría un mandamiento que no pudiéramos obedecer. Se necesita humildad para aceptar que ignoramos la verdad final, la verdad última, porque la verdad es una progresión. Si no hay verdad final significa que tenemos más que aprender, ir más lejos, nuestro amor siempre puede ser más fuerte. Dondequiera que estemos, no hemos llegado todavía al estado de la verdad absoluta, necesitamos ser perdonados, todavía no estamos totalmente adecuado.

La comprensión de esto y el reconocimiento de nuestra verdadera naturaleza, de dónde venimos, a partir de que hemos sido creados, significa el retorno a nuestra fuente, a lo que nos ha creado. Mientras no lleguemos a ese estado seremos s peregrinos o caminantes cuya perspectiva es bastante diferente a la de un dueño de tierra, que tiene que proteger su patrimonio, poner cercas, estar a la defensiva, reclutar un ejército. El peregrino se mueve, lo mejor que puede, de un lugar a otro sin tener un hogar permanente, sin un lugar donde quedarse, sin saber que le traerá el día siguiente, sin saber dónde estará su lecho el día siguiente. Muchos de los grandes santos han sido peregrinos, yendo de pueblo en pueblo, puerta a puerta, difundiendo el amor y la verdad, sin saber lo que iban a encontrar.

Esa no es la única manera de recorrer el camino, hay muchas más. No importa la parafernalia, un santo puede verse como un rey o un mendigo, no nos corresponde decidir cómo debe lucir. Dios espera de un mendigo lo mismo que Él espera de un rey, lo deje todo. Si tenemos un centavo o si tenemos millones habremos de renunciar a todo y todo volverá. Es tan difícil para el mendigo a renunciar a un centavo como para el rey renunciar a su imperio. Es al apego a lo que tenemos que renunciar, no a las cosas a las que estamos apegados, a la forma como nuestra conciencia funciona; lo que une a las cosas no viene de afuera sino de adentro. Podemos poseer una fortuna en oro y ser desapegados, o podemos poseer un pantano y sentirnos atados a él, ambos sentimientos vienen de dentro.

Recientemente, al comentar la ocupación china del Tíbet, el Dalai Lama señaló que para practicar la tolerancia necesitamos un enemigo, que para practicar el verdadero amor, necesitamos oposición. Estos conflictos nos son dados para ayudarnos a desarrollar; es importante reconocer todo lo que Dios nos ha dado para que podamos practicar la paciencia y la tolerancia. Nuestra práctica puede comenzar con nuestros padres, maestros, amigos, cónyuges y es diferente para cada uno de nosotros. A veces pueden ser naciones enteras, el Dalai Lama tiene una nación entera, todo un gobierno para practicar la paciencia con él. Si Dios quiere que aprendamos la paciencia, nos pone ante situaciones que la requieren; si Él quiere que practiquemos la misericordia nos da situaciones que requieren misericordia; si Él quiere que practique el amor, Él nos da las situaciones que requieren subir el calor para que el amor llegue. Tenemos que ver las cosas como son, no como hechos manipulables, debemos cambiar el enfoque de todo lo que nos rodea y viene de adentro.

Que Dios nos dé la capacidad de participar de estas cualidades

CAPITULO VEINTIDOS

*Dentro de nosotros
hay un lugar que entiende
intuitivamente
si estamos en equilibrio
o no, si estamos alineados
con lo que es cierto, sin
embargo,
este lugar intuitivo sólo se
revela
cuando emprendemos la
purificación.*

CAPITULO VEINTIDOS

El Susurrante

Al comienzo de una colección de los dichos y tradiciones del profeta Mahoma, hay un refrán que indica que la consecuencia de nuestras acciones depende de nuestra intención. Se trata de una importante percepción que nos informa de que no todo es simplemente lo que parece ser. Además de todas las capas externas están las capas interiores en las cuales reside la verdad.

A medida que avanzamos por la vida a veces nos aferramos tanto a una meta específica que dejamos de observar nuestras acciones, porque creemos que la meta es de suma importancia; asignamos tantas cosas positivas a la meta que a veces nos olvidamos de las acciones que hemos de realizar para lograr este objetivo. Dios sólo tiene que decir, "Sé" Y será. Los resultados están en sus manos, no en las nuestras, pero la intención si es nuestra tal como se manifiesta en nuestras acciones. Pero no podrá lograr los resultados que pretendemos si es correcto hacemos algo apropiado para alcanzar ese estado de ser. Tenemos que ir por la vida con intenciones apropiados. ¿Qué es una intención apropiada? Lo que es correcto para nosotros. Esto es algo a considerar, que debemos contemplar profundamente y entender lo que la intención puede hacer.

La intención es nuestra onda que nos conecta con el espacio abierto de Su santidad, nuestra intención, alineada con la Suya. Para ello tenemos que caminar con Él en la vía de la purificación. Mientras nuestra intención sea motivada por algo más que su gracia o su gloria, nuestra intención no será pura. ¿Cómo nos conservamos puros? ¿Cómo nos mantenemos en el camino hacia Él y ¿cómo entendemos la diferencia entre la pureza y la impureza?

Nuestra intención es llegar a ser como Él, aunque el susurrante del mal nos aleja de Él.

Por qué el susurra y se retira; pero nos invita a seguir su camino, viene a susurrar palabras en nuestro oído; si respondemos o no dependerá de nosotros. ¿Quién es ese murmurador, ese chismoso que nos rodea? puede ser cualquiera de los medios de comunicación, los amigos o socios, es decir cualquiera de las influencias en este mundo. Nos susurran sobre la importancia del oro,, sobre el sexo, la propiedad y la fama; susurran y se retiran, para dejarnos colgados pensando en lo que nos han sugerido. Debemos ser conscientes de que los susurros seguirán llegando y que debemos distinguir entre el susurro, la verdad y la realidad y lo verdaderamente bueno.

Una de las bendiciones de los Estados Unidos de América es nuestra libertad de elegir el camino de Dios, o el camino de la oscuridad y la ilusión. Ahora, en este país la oscuridad es obvia, la podemos ver, se nos advierte. Otros países no entienden que debajo de la superficie hay una profunda creencia en Dios. No es que la fe en Dios en este país no sólo esté permitida, sino que se acepta de manera que se eleva en la gente, ya que su intención, no es forzada, y que en este país, la verdadera intención de Dios puede elevarse en su gente. En otros lugares podría ser forzada y cuando las cosas se vuelven obligatorias no se manifiestan de la misma manera. Debemos agradecer a Dios que estamos en condiciones de tomar una decisión, ya que se nos presenta un abanico de posibilidades y vemos lo que es correcto y lo que no lo es.

El susurrador ha estado entre nosotros desde el principio. Susurró en el Jardín del Edén y lo sigue haciendo a los seres humanos. ¿Por qué hay una prohibición contra el chisme y en contra de hablar sobre los demás? Estas son cosas que se hacen en voz baja, que están ocultas, hechas de espaldas de la gente. Lo qué se oculta comienza a fermentar o entra en decadencia como las cosas ocultas en los lugares oscuros, como el moho o el hongo que poco a poco se comen todo lo que atacan.

Tenemos que estar en guardia contra los murmuradores disfrazados de amigos que influyen en nosotros de una manera inadecuada. Esto significa que hemos de desarrollar un nivel de juicio interior que no se deje desconcertar por las paradojas, ni confundir por el lenguaje que indica una cosa pero significa otra. La verdadera justicia ve a través de estas cosas, incluso si la justicia mundana no puede. El susurrador toma las palabras y las vuelve al revés, haciéndonos creer en cosas que no son ciertas. Tenemos que mantener todo lo que escuchamos hasta la luz de Dios, tenemos que sostener todo lo que se nos muestra a la luz de Dios, ¿Pasará la prueba de su luz?

Tenemos que seguir haciéndolo porque fácilmente nos convencemos de que estamos viajando raudos por el camino de la verdad, pero es nuestro enfoque sobre esa verdad el que debemos recordar y comprobar.

Dentro de nosotros hay un lugar que entiende intuitivamente si estamos en equilibrio o no y si estamos alineados con lo que es cierto; sin embargo sólo se revela cuando emprendemos la purificación; si no lo hacemos, no podremos escuchar esa débil voz. Necesitamos orientación hasta que lleguemos a ese lugar y ser muy cuidadosos en la elección de nuestro guía, a quien vamos a escuchar, a prestarle atención y del cual nos haremos amigos y pasaremos el tiempo. Tenemos que descubrir cuán ingenuos podemos ser y con cuanta podemos ser deslumbrados por las palabras.

Debemos seguir regresando a la verdad, mantener un enfoque deliberado sobre sus pilares; cuando las cosas no son consistentes con estos tenemos que reconsiderarlos; si las cosas se sienten bien por razones equivocadas, tenemos que entender que algo está marchando mal.

Disfrutamos de muchas cosas distintas: algunas personas realmente se regocijan en las desgracias de los demás, una alegría impulsada por los celos o el resentimiento. Sentirnos bien no es necesariamente una indicación de que somos buenos, tenemos que diferenciar entre lo que es verdaderamente bueno y lo que es simplemente sentirse bien. Una máxima de la cultura pop de hoy es si se siente bien hágalo, un principio aceptado por muchas personas, especialmente los jóvenes. Esto no quiere decir que lo que se considere bueno sea malo, sino que no todo lo que se siente bien es bueno.

Necesitamos altos estándares adoptados desde lugares altos. Tenemos que cambiar, tenemos que entender la alegría de su gracia, tenemos que ser abrumados por el amor. Cuando lo estamos nuestras cualidades son correctas. El verdadero amor no nos deja ser resentidos, no vamos a ser celoso o a estar enojados. El verdadero amor es un fuego que consume esas cosas.

Debemos subir la temperatura y entender, recordar lo que se siente estar en el amor, conocer el sentimiento de inmensa compasión, de la gracia, de la bondad incondicional hacia los demás. Si estamos llenos por entender que esto es lo que necesitamos, llenos con la intención de llegar a ese estado, nuestro camino será, con la ayuda de Dios, hacia Él

Sea que los resultados se presentan como esperamos o no, no importa. Eventualmente los resultados no son lo que nos importa es nuestro estado de ser. Muchos santos fueron mendigos cuyos resultados, de acuerdo con el mundo, eran mínimos y no fueron respetados, sin embargo, de acuerdo con Dios llegaron a las alturas del ser. En este mundo somos respetados por lo aparente, por la fama. No vemos a Dios en todas partes? ¿Se nos muestra Él?

Necesitamos conocer Su verdad y reconocer las mentiras del mundo. Que Dios nos limpie de estas mentiras y se purifique nuestra intención.

Que podamos ser activos en esta purificación y que Él nos asista en ello; sin su ayuda no podremos hacerlo ni entender que sin tal comprensión no lo lograremos. Sólo si vamos a Su intención podremos cambiar hacia la manera correcta.

CAPITULO VEINTITRES

*No estamos en control,
No tenemos control
sobre nada en el mundo,
el único control que tenemos
es el de escoger a Dios,
aparte de eso no tenemos
control.
Todo lo que miramos
como control es una
ilusión que nos hemos
agregado, una ilusión
de la cual hemos hecho
la realidad
de nuestro mundo.*

CAPITULO VEINTITRES

Control y Rendición

Tenemos la ilusión de que ejercemos control sobre algunas cosas en el mundo, fomentada porque parece que controláramos ciertas situaciones. Si abrimos el grifo, el agua sale, si oprimimos el interruptor de la luz esta se encenderá. Observamos patrones consistentes, esperamos que permanezcan y hacemos todo lo posible para asegurarnos de ello. De vez en cuando ese patrón se hace añicos. Aquí en los Estados Unidos de América pensamos que tenemos estabilidad, la vemos en los aspectos de nuestra vida estamos acostumbrados a ella y esperamos que las cosas sean así. De repente hay una erupción dentro de nosotros y todo cambia. Esas reacciones perturban nuestra estabilidad y alteran los patrones de expectativas que nos hacen creer que podemos mantener el control.

A veces recibimos el mensaje correcto, a veces no; a veces reaccionamos de manera adecuada, a veces no. Podemos pasar de creer que estamos en control a pensar lo contrario y a sentir desesperación e impotencia. En ese estado nos angustiamos, estamos malhumorados, temerosos, y vemos que todo lo que creíamos estable no lo es. La inestabilidad de las cosas nos asusta, a tal punto que llega a paralizarnos y traumatizarnos. Debemos comprender la importancia de reaccionar adecuadamente a lo que sucede en el mundo. No estamos en control de cualquier cosa en el mundo porque el único control posible es la facultad de escoger a Dios; sobre nada más podemos ejercerlo. Todo lo que consideramos como control es tan solo una ilusión a la cual nos aferramos. ¿A dónde vamos cuando chocamos con un muro que nos muestra que no tenemos control, ¿qué hacemos con nuestras vidas cuando nos golpeamos contra él? ¿Qué hacemos cuando entendemos por fin que el control está fuera de nuestras manos, que no podemos hacer que las cosas sucedan como queremos que ocurran?

Algunas veces experimentamos sorpresas más allá de las expectativas que cambian nuestra forma de ver y sentir las cosas. Cuando eso sucede, tenemos que hacer un cambio en nuestras creencias interiores, en nuestra visión interna del mundo, un proceso que los sabios llaman rendición o sea el reconocimiento de que las cosas no siempre suceden como esperamos que lo hagan sino de acuerdo la intención de Dios, algo con lo cual tenemos que estar en sintonía, algo que exige gran aceptación y un cambio en la manera como vemos las cosas y el mundo las ve.

Los economistas proyectan lo que sucederá y manipulan los elementos de la economía para ayudar a cumplir sus proyecciones. Los ejércitos planean batallas sobre la base de sus proyecciones, los gobiernos protegen el producto nacional bruto de su país, todo el mundo funciona sobre la base de sus proyecciones. Hemos desarrollado la ciencia de la estadística para predecir ciertas cosas del mundo, una ciencia que a veces no ofrece nada más que la distorsión. Necesitamos desarrollar una mejor comprensión de nuestra realidad: no estamos en control; existen la proyección y la realidad.

Dios existe, Él es misericordioso, compasivo y amoroso. Tenemos que creer esto profundamente, debe ser la base de nuestra comprensión, el lugar donde formemos supuestos sobre los que derivamos nuestros procesos de pensamiento y nuestras creencias. Una vez que creamos la comprensión este miedo desaparece, de lo contrario seguiremos contemplando lo que pasa preguntando por qué, ¿era correcto, era oportuno? Y luego viene la duda que nos hace perder la fe en la misericordia, la compasión y el amor del Creador como el Omnisciente que hace lo que es apropiado para nosotros. Si eso ocurre nos encontraremos en una situación en extremo difícil, sabiendo que nada depende de nosotros, que no podemos controlar nada, llegamos a pensar que Dios tampoco lo hace. Este es el caos, si nos quedamos ahí estaremos desequilibrados, incómodos, con mucho miedo porque hemos comprendido que no sabemos, y creemos que nadie más lo sabe.

En este momento no creemos en un poder superior ni en Dios. Por lo tanto tenemos que hacer un ajuste deliberado, cambiar y reconocer nuestra falta de comprensión, aceptando nuestra propia falibilidad para dejar de tener miedo y la vergüenza, de estar expuestos, de nuestros pensamientos, de otras personas, de la situación económica, de la guerra. Tenemos miedo de tantas cosas, que esos miedos nos paralizan. ¿Cómo alejarnos de esto, ¿cómo nos ocupamos de que no tiene el control? Tenemos que aprender a estar cómodos sin ningún control, acostumbrarnos a ello, entender que no tenemos control y que las cosas son atendidas en formas que no comprendemos. Recordemos que estamos en un mundo que gira alrededor del Sol a una velocidad más allá de la imaginación y seguimos aquí sentados, sintiendo como si estuviéramos quietos. Sabemos que no depende de nosotros controlar el movimiento de la tierra, sabemos que alguien se ocupa de ello.

Cuando examinamos una semilla no vemos una planta, un árbol o un vegetal, más una vez que ponemos la semilla en la tierra obtendremos alimentos. Las cosas estarán siempre disponibles para nosotros, porque nos son proporcionadas. Debemos sintonizarnos con este entendimiento con claridad, no con las afirmaciones de la ciencia que ofrece otro tipo de explicaciones. Nos dice que todo se originó con una gran explosión, sin dar también cuenta de lo que sucedió antes de ese hecho. Ninguno de nuestros orígenes puede ser explicado por la ciencia, que depende del intelecto que pesa y mide pero no comprende más allá de lo que puede ser pesado y medido, ni lo que no puede percibir. Antes del microscopio la ciencia no creía en la existencia de las bacterias debido a que era posible verlas pero eso no significaba que no existieran. Hay muchas cosas que no podemos ver luego hemos de reconocer lo mucho que no entendemos y aceptar que nuestro entendimiento es limitado y que nuestro control sobre las cosas no existe.

Tenemos que aceptar la existencia de un Dios misericordioso, compasivo, amoroso o nos será difícil vivir en el mundo sin una enfermedad de la mente o del corazón; habrá un trauma constante, miedo y dudas y constante sensación de peligro. La única manera de escapar a todo eso es implorándole a Dios: no puedo controlarlo, me he dado cuenta que todo esto está en Tus manos, creemos que harás lo que es apropiado para nosotros.

Esas palabras son la clave para nuestra paz mental. Si no creemos no habrá paz en nuestra mente.

¿Cómo podemos cambiar nuestras creencias, ¿cómo creer en cosas que no se pueden ver, difíciles de comprender, de aferrarse a las cosas provocadas por el mundo que nos rodea? ¿Cómo podemos creer en ellas? La prueba siempre nos llega a través de la misericordia de Dios; Él envía hombres santos cuya sola presencia es prueba de su existencia; ofrece situaciones que son tan abrumadoras en el amor que en realidad palpamos Sus cualidades por un momento. Él nos da instantes de claridad cuando vemos la verdad de Su plan. ¿Podremos centrarnos en esos momentos.

En un peregrinaje a la Meca esos momentos aumentan, todo parece tan profundo que la gente necesita con urgencia revelar la naturaleza abrumadora de sus experiencias; están disponibles para nosotros cuando la duda se va, entonces todo el mundo es un intérprete de Dios, todo lo que existe aquí demuestra su existencia, todo lo que vemos apunta a la naturaleza gloriosa de nuestro Creador. Mirar lo que vemos, más allá de la imaginación, los diferentes colores y diseños, las creaciones que vemos deberán eliminar las dudas y temores que tengamos y hacer que sean anestesiadas por lo que vemos a nuestro alrededor.

En el mundo de la gente atenúa sus dudas y temores con el alcohol o las drogas, usa narcóticos porque no puede manejar su dolor y su miedo. Estos son problemas graves en muchas sociedades donde existen diversos grados de angustia; la gente necesita alivio, porque siente temor hasta mirando una rosa, o escuchando el canto de un ave. El darnos cuenta de la maravilla de estas cosas nos debe aturdirnos, ni producirnos estupor ni letargo, sino permitirnos entender la gloria de Dios, nuestro Señor, que es la compasión y que ha inspirado Su esencia en nosotros.

En este camino nos encontramos la paz, la libertad, y la absolución; no existe otra manera de conseguirlo. Las obsesiones del mundo causan todas las dificultades en nuestras vidas; sólo debe haber en nosotros una obsesión por lograr una cura y es la obsesión de conocer a Dios. A esto debemos comprometernos y debemos practicar, c utilizando esa valiosa herramienta conocida como la oración, llamada la recordación de Dios. Concentrarse en sus cualidades y adquirirlas.

Echemos un vistazo a algunas opciones que tenemos y sus implicaciones. ¿Somos misericordiosos o amorosos, celosos o felices agradecidos andamos perdidos en los deseos? La gratitud no depende de lo que tenemos sino de lo que somos. Se refiere la historia de un hombre que heredó cincuenta millones de dólares. Su miedo a la pobreza se hizo tan intenso que se suicidó cuando tenía sus últimos diez millones, miedo más fuerte que la realidad de su situación.

Nuestras circunstancias no nos controlan, lo hacen nuestra actitud y nuestras cualidades. Cuando señalamos las circunstancias en busca de una explicación simplemente buscamos respuestas en un lugar donde no existen. Todas las preguntas están en el interior y las respuestas también; toda la existencia se encuentra dentro. Dios puso el alma en un pequeño punto, dentro de cada corazón y el universo entero está contenido dentro en él. Todo en el exterior existe dentro. Si estamos buscando respuestas necesitamos mirar allí o perdemos el punto. Seguimos apuntando a algo más cuando deberíamos hacerlo hacia nosotros, asumiendo la responsabilidad de nosotros. Nuestra actitud y cualidades crean nuestro estado, no es algo que ocurra afuera. Lo que sucede en el exterior es sólo una prueba para mantener o fortalecer esas cualidades.

El cambio es difícil puesto que es más fácil anestesiar la mente hablando de las cosas que suceden fuera de lugar de cambiar algo en nuestro interior, lo que sólo sucederá cuando nos decidimos, cuando hacemos un esfuerzo para cambiar. El amor está siempre disponible, existe tal como existe la perfección; el problema es nuestra incapacidad de verlo. Tenemos que abrir los ojos para ver el amor y la perfección. Si no podemos hacerlo no es debido a factores externos sino porque no buscamos profundamente dentro.

Insistir en el amor en nuestro estado de ser, rogar a Dios por ello. Cuando no entendemos nuestra situación, decir Oh Dios no lo entendemos, nos ayuda a comprender. Nuestras oraciones deben comenzar pidiendo perdón a Dios por no comprender, por no conocerlo, no ver a su amor, su misericordia, su compasión; debemos pedir perdón por el olvido. Entonces debemos preguntarnos como ser compasivos y misericordiosos y para conocer sus cualidades y vivir llenos de gratitud.

Que Dios nos permita comprender Sus excelsas cualidades.

CAPITULO VEINTICUATRO

Hay una transformación, una gloria y una luz más allá de nuestra imaginación, más allá de nuestra capacidad de concebirla. Hasta que experimentemos la transformación estaremos limitados por lo que podemos ver, oír y sentir, pero cuando Él interviene no hay límites. Cuando Dios se nos da a conocer entendemos que no hay principio ni fin para la gloria que viene de Él, que Él nos ha dado y lo ha hecho nuestro patrimonio.

CAPITULO VEINTICUATRO

La Intervención Divina

¿Por qué la gente va en peregrinación a los mausoleos de ciertos seres santos, ¿por qué vamos allí a rezar? Porque vamos a reconocer que hay un mundo más allá de éste. Creemos que lo que los profetas nos han dicho, lo que Dios nos ha dicho por medio de ellos, que hay un mundo por venir después de este en que ahora vivimos. . Creemos que hay una conexión entre los dos y , que el otro puede inspirar e influir sobre éste. Creemos que en los lugares de peregrinación estamos más cerca de ese otro mundo.

Hay un sinnúmero de espejismos utópicos y engaños aquí que nos capturan e hipnotizan, nos magnetizan, nos engañan para que estemos encantados, absortos y de una manera aparentemente muy real, lenta, que nos reduce a un estado de letargo. Podríamos llegar a un punto en el que estemos tan sumergidos por esas cosas que llegan a controlar nuestras vidas. Pensamos que las podemos manejar pero realmente son ellas las que tienen el control de nuestras vidas; estamos tan fascinados por esas ilusiones que nos comprometemos con ellos en lugar de cualquier otra cosa.

¿De qué cosas se trata? Son diferentes para cada uno de nosotros, porque estamos atrapados de diferentes maneras. Las fuerzas de la oscuridad y de la falsa ilusión nos atacan en el punto más débil y nos arrastran en su dirección. Nuestros debilidades dependen de donde y como hemos sido criados, del tipo de nuestra cultura, de la religión bajo la cual crecimos, Nuestras diferencias hacen que seamos atrapados por diferentes formas, pero el punto es que todos hemos sido atrapado por el mundo

Visitamos los lugares santos para recordar que algo más está sucediendo, aunque estemos atrapados por el mundo; o hacemos para escapar de las cosas que nos han atrapado, esperando momentos de claridad o la intervención divina. Vamos allí con la esperanza de tener la influencia de Dios en nuestras vidas, a dejar que Dios intervenga en nuestras vidas, le pedimos que intervenga en ellas. Lo interesante es que Él está siempre involucrado en nuestras vidas, no hay un momento en que Él no esté involucrado en nuestras vidas. Elevamos nuestras oraciones para invocar a Dios que es el Creador, el Sustentador y quien nos nutre, Aquel compasivo cuya misericordia y compasión constantemente nos sostienen. Si Él negara el sustento durante un segundo, el mundo dejaría de existir, pero como perdido el contacto con la realidad de su existencia, pedimos Su intervención.

¿Qué pedimos? Que el hipnotismo que nos ha atrapado en este mundo se caiga para que podamos ver la realidad y estar en el momento de entender su gracia, su gloria y su implicación con nosotros. Reconocemos la verdad de que esta realidad siempre está presente. Sin embargo, si no la vivimos es porque hemos estado tan abrumados por las fuerzas del mundo que no podemos involucrarnos con el conocimiento de Él; cuando lo reconocemos podemos ir a un lugar sagrado a recordar nuestra conexión con Dios, con los profetas y con los seres santos, nuestra vínculo con los amigos de Dios y todos los que intervienen en nuestro nombre. Tenemos que aprender cómo intervenir en nuestro propio nombre, tomar el control de esta intervención para que aprendamos cómo hacer que la experiencia que recibimos en el lugar de peregrinación ocurra más a menudo, para realinearnos dejando de lado las cosas que consideramos importantes en nuestra vida, aunque sea por algunos momentos cada vez.

Se nos ha dicho que la mejor forma de meditación es la repetición constante de la oración la ilaha illallahu, no hay nada que no seas Tú, oh Dios, Tú solo existes 1.

1. La ilaha illallahu: No hay nada que no seas Tú, Oh Dios, Solo Tú existes; no hay realidad sino por Ti, O Allāh, sólo Tú eres

la verdad. Literalmente: No hay más dios que el Dios único. De: La Resonancia de Alá por MR Bawa Muhaiyaddeen Si podemos entender esta oración y elevarla un poco todos los días, se producirán cambios. La comprensión de que sólo Dios existe significa que todas las otras cosas que nos preocupan no existen: nuestra capacidad de dejarlas de lado está directamente relacionada con nuestra capacidad de vivir en el momento, de existir ahora, no en el pasado ni en el futuro, de existir dentro de la luz de su gracia en vez de estar luchando para encontrarla.

Las personas que intentan mantenerse a flote en una situación difícil se ayudan de manera significativa si tienen algo que las mantenga a flote, como boyas de la vida, como un chaleco salvavidas o alguna otra cosa para aferrarse, para que les ayude a mantenerse a flote; se nos han dado muchas ayudas para ayudarnos a llegar a la orilla de este océano que es la ilusión. Nos han sido dados todos esos seres divinamente sabios y un camino sólido, una forma que nos puede permitir llegar al espacio sin forma.

Debido a que tenemos forma, es difícil para nosotros relacionarnos con la ausencia de ella, necesitamos ayuda dentro de ella; un lugar de oración, es un santuario, un sitio de encuentro es un santuario y los amigos pueden ser un santuario. Cuando nos reunimos con la gente que entiende la ausencia de forma, que entiende la necesidad de escapar de la realidad, nos fortalecen, nos respaldan nos alejan del forcejeo. Nos reunimos para ayudarnos unos a otros reconocemos la verdad, y cuando nos amamos unos a otros por amor de Dios, este amor tiene calor, un fuego vigorizante que ayuda a cada uno de nosotros a tornar con mayor facilidad hacia Él.

De esta manera llegamos a ser asistentes de Dios, ayudando en Su obra de hacernos regresar a Él. Este es nuestro trabajo, para ayudar a los demás con una sonrisa, una mano amiga, una buena palabra. Cuando nos acercamos a esa obra de manera adecuada habrá resultados visibles y su efecto positivo anulará muchas de las fascinaciones del mundo que nos atan. Una vez que empezamos a entender, somos atraídos a este tipo de trabajo, a este tipo de situación.

Cuál es el recuerdo de Dios (dhikr)? 2 Es la oración para

2. Dhikr: El recuerdo de Dios; devoción a Dios y el recuerdo constante de Él a través de uno o más de sus noventa y nueve santos nombres ; para subir y bajar la respiración con el recuerdo de Dios; a derretirse como la cera a la luz y el poder de Dios. De: La Resonancia de Alá por MR Bawa Muhaiyaddeen .

recordar a Dios y las cualidades de Dios que nos liberan del mundo. Existe el camino recto, fiel, cuando no estamos influenciados por el mundo. Hay momentos en que estamos con los amigos y compañeros de viaje en el nombre de Su amor. Cuando el amor entra en la ecuación, cuando aprendemos a amar por el bien del amor y no por el bien de cualquier otra cosa, cuando aprendemos a amar por el bien de la verdad en cada uno de nosotros, por Su causa, por el bien de la grandes seres santos y profetas, todo dentro de nosotros empieza a cambiar, nos empiezan a derretir. Y ¿qué es lo que se derrite? El yo inferior se desvanece; aquel que capta al mundo y quiere hacer que nos aferremos a él y saborearlo comienza a derretirse. Las manos de Dios reemplazan las del deseo.

Tenemos que decidir qué manos utilizamos, las del deseo o las de nuestro Señor? ¿Qué quiere el Señor y que quieren nuestros bajos deseos? Hay una diferencia. Una vez que la reconocemos eliminamos ciertas cosas que ya no podremos mantener a causa del hedor en su interior, el perfume seductor exterior ya no esconde su hedor interior. Tenemos que entender lo que realmente importa.

Nuestro tiempo en este mundo está predeterminado, no sabemos su duración pero sí sabemos que tiene un final. ¿Dónde estaremos entonces? ¿Quiénes somos en ese punto, ¿qué hemos acumulado para entonces? El amor en nuestro corazón, su gracia y la verdad de su existencia se quedan con nosotros. Si nos centramos en eso, si nos centramos en Él cambiamos, nuestras vidas cambian, la vida de las personas que nos rodean cambia. Hay una transformación, una gloria y una luz más allá de nuestra imaginación, más allá de nuestra capacidad de concebirla. Mientras no experimentemos la transformación estaremos limitados por lo que podemos ver, oír y sentir, pero cuando Él interviene no hay límites. Cuando Dios se nos da a conocer entendemos que no hay principio ni fin para la gloria que viene de Él, que Él nos ha dado como un patrimonio.

Ella estará disponible si dejamos de abstenernos, si corremos en su búsqueda, ella, emocionados al ver que está disponible y hemos descubierto su disponibilidad. El dolor debe desaparecer, tenemos que gritar nuestra alegría de saber que reconocemos a Dios, que Él está aquí, que Él nos creó, nos nutre y nos sostiene; reconocer que Su secreto se oculta dentro de nosotros, un secreto que ha sido revelado. Cuando ese secreto se abre la verdadera gloria es conocida, la gloria de cada uno de nuestros relacionados es conocida y visible en todos nuestros aspectos.

Tenemos que mirar bien, tenemos que buscar esa gloria. Mientras caminamos por la calle y pasamos cerca a otras personas, debemos entender que ella existe dentro de cada persona; reconocerla en nosotros mismos y en los demás. Tenemos que mantener el resentimiento y los celos a distancia, ya que ellos nos separan de Dios. Jamás habremos de estar separados de Él, sino acercarnos a Él. Al a cercarnos el uno a otro nos acercamos a Él.

Que Dios nos ayude a aproximarnos a nuestros compañeros en el amor, que Él nos ayude a formar fuertes vínculos en este mundo basados en el amor y en su gobierno. Que Él intervenga en nuestras vidas para llegar cerca de Él.

CAPITULO VEINTICINCO

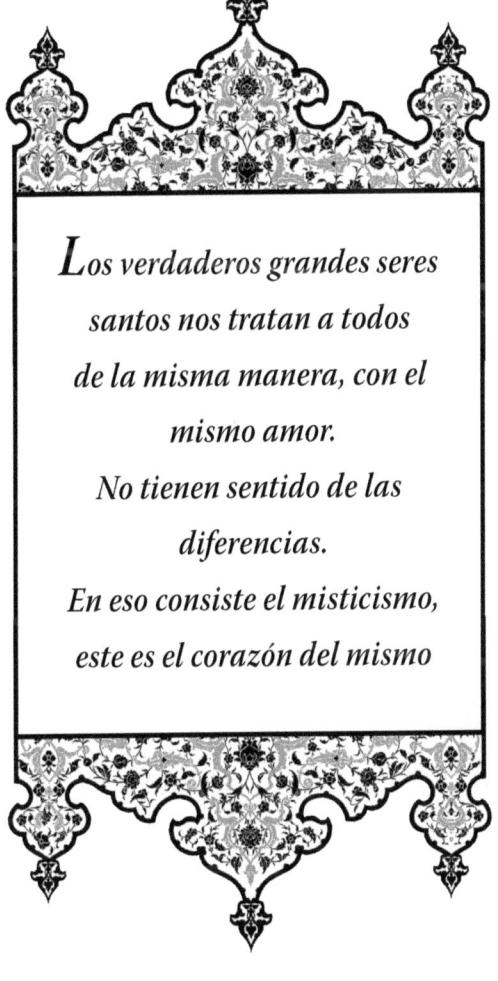

*Los verdaderos grandes seres santos nos tratan a todos de la misma manera, con el mismo amor.
No tienen sentido de las diferencias.
En eso consiste el misticismo, este es el corazón del mismo*

CAPITULO VEINTICINCO

El Camino Místico

¿Cómo hemos de entender este camino, esta vía? ¿Qué es el misticismo? ¿Qué significa tener una relación con Dios? El encuentro con un ser divinamente santificado es una experiencia mística que nos lleva de lo ordinario a otro lugar. Cuál es ese lugar y hacia dónde vamos es una cuestión especialmente importante para aquellos que no han tenido esta experiencia porque quieren saber, necesitan enterare de qué se trata esta experiencia, que altera la vida de las personas.

¿Qué sucede? ¿Qué pasa cuando ese cambio se lleva a cabo, cómo es posible? Significa que hemos de renunciar a las cosas que no son apropiados para nuestras vidas y al renunciar a ellas cambiamos en tal medida en que las eliminamos. Dios ya está dentro de nosotros. Él no es un desconocido, Él nos creó, Él sopló su aliento y puso un alma dentro de nosotros. Necesitamos la sabiduría para descubrir y comprender esto. No es nada nuevo, no lo creamos, sólo estamos hallando nuestro camino de regreso.

Los grandes seres santos nos enseñan cómo encontrar el camino de vuelta, como cambiar nuestros intereses y buscar a Dios en lugar de buscar al mundo. A medida que nuestros intereses cambian, nuestros puntos de vista y nuestras prioridades también lo hacen. Con cada paso que damos en el mundo, hacemos una elección, una y otra vez. ¿Que elegimos a Dios o a un cierto interés en el mundo? ¿Qué es más importante, acoplarse a lo inconveniente, o a lo permisible que nos acerca a la realidad de nosotros mismos?

Dios es la realidad, la verdad. ¿Elegimos pasar nuestro tiempo en la ilusión o en la realidad y la verdad? Podemos ser conscientes de la diferencia entre pasar tiempo con la realidad y pasarlo con el mundo, sabemos la diferencia instintivamente. Lo que tenemos que aprender es cómo mantenernos en la realidad y alejados de las fascinaciones hipnotizantes y las ilusiones del mundo.

Esta es nuestra lucha, la elección que tenemos que hacer y mantener. Los budistas dicen antes de la ilustración hay que cortar la leña y cargar el agua y que después de la iluminación hay que cortar la leña y cargar el agua.

Desde el exterior no nos vemos diferentes; nuestro rostro es el mismo aunque podríamos sonreír un poco más, sin embargo, nos veremos muy diferentes. A medida que se desarrollan las cosas para nosotros en el camino correcto, las seguimos haciendo en el mundo, pero somos más amables, más compasivos. Cuando somos más misericordiosos, cuando nos centramos más y más en Dios, en la realidad, la verdad se revela a nosotros, y somos más capaces de estar con Dios, que siempre está ahí. ¿Cómo deshacernos de los velos que nos separan de Dios? Este es el camino, esta es la forma de hacerlo.

Nos vemos afectados por la presencia de los seres santos, sabios porque encarnan las cualidades que pertenecen a Dios, a la realidad. Emanan una vibración que hace que la verdad sea evidente. Vienen a recordárnosla, porque esa vibración que es la verdad se puede esconder de muchas maneras diferentes, ocultada por la religión, por la política, por el deseo de riqueza, de la propiedad material y la gratificación sensual. Los que vienen a recordarnos esas verdades son seres puros, sin motivos de religión, de política, de nacionalismo o lazos de sangre. Nos recuerdan que si somos fanáticos de la religión, de la política, del nacionalismo o de los lazos de sangre no podremos encontrar la verdad.

El fanatismo es la exageración de algún interés mundano a tal punto que se convierte en más importante que todo lo demás. Algunos piensan que quienes tienen la mayor cantidad de dinero fama son importantes. ¿Qué dicen los periódicos sobre ello? ¿Escriben sobre experiencias místicas, sobre un aumento de la compasión en la última semana, o sobre una determinada persona que ha sido tan abrumada por la misericordia que su corazón tiene tan solo a Dios? El mundo no está interesado en estas cosas ni el camino a la verdad. Necesitamos centrar nuestra existencia. Jugamos muchos papeles diferentes en nuestras vidas, somos actores en un escenario con distintos roles, jugamos una parte en el trabajo, otra con nuestro cónyuge, otra con nuestros padres y otra con nuestros hijos. Somos muchas personas diferentes en situaciones diferentes. ¿Somos la misma persona en cada situación, ¿tenemos la misma compasión, el mismo amor por aquellos que conocemos bien y por los que no conocemos? ¿Somos una especie de padre con nuestros propios hijos y otra clase con los niños de otra persona? ¿Evaluamos cómo comportarnos de acuerdo con un vínculo de sangre, es nuestra relación igual con toda la humanidad.

Los verdaderos grandes seres sabios tratan a todas las personas de la misma manera, con el mismo amor, no tienen sentido de las diferencias. Esta es la mística, este es su corazón. No se trata de fórmulas, no se trata de fórmulas, ni de visiones, sino de las cualidades que adquirimos, en las que nos convertimos. Sabemos de las cualidades del Dios-amor, la compasión, el perdón, la misericordia, la tolerancia, para mencionar unos pocos. ¿Por qué se muestran a nosotros, ¿por qué se nos describen? ¿Por qué hemos dado ejemplos de estas cualidades en nuestras vidas? Esto se hace para que las experimentamos y las podamos incorporar a nuestro propio ser. Si tuviéramos que decirle a alguien que un objetivo importante de la mística es librarnos de la ira, es decir, que si elimináramos la ira de nosotros nos estaríamos convirtiendo en místicos, no nos entenderían. Algunas personas piensan que el misticismo significa un alma que viaja de un lugar a otro, o que tiene visiones o es capaz de predecir el futuro. Algunos que se acercan a un místico a menudo quieren saber que les espera, si van a encontrar un marido, una esposa, buen éxito en su matrimonio o en su negocio.

Las personas están interesadas en sus vidas en el mundo y de lo que esperan obtener de él. Creen que un místico puede tocarlas, cambiar sus vidas. Piensan que si su cuerpo se tuerce, el místico lo enderezará, que si no tienen dinero él se lo conseguirá, si no tienen amor encontrará para ellas el amor. Muchos creen que harán algo para alterar la naturaleza de la ilusión en que viven. Es decir que a la mayoría de la gente le interesa lo que está buscando, lo que quiere conseguir. Quieren creer en la falsa publicidad televisada que promete alterar sus vidas, ellos no quieren cambiar sus cualidades, pero la paz llega sólo cuando nuestras lo hacemos, cuando nuestras reacciones cambian. El destino cambia a medida que nuestra consciencia lo hace.

Cuando dejamos de hablar de otras personas, cuando comprendemos la naturaleza del chisme y la murmuración entenderemos por qué la gente lo hace, pero si lo hacemos nosotros mismos no lo entendemos así. Si no renunciamos a la ira no podremos entender cómo las personas se enojan ni que esa es una enfermedad del corazón. Mientras mantengamos nuestra propia ira no podremos entender, no veremos la naturaleza inadecuado de las malas cualidades que llevamos en nosotros mismos; solo cuando las elimínanos o modificamos nuestros ojos se abren.

No vemos su inconveniencia porque nuestra base de deseos, el yo inferior racionaliza lo que hacemos, permitiendo este comportamiento. Cuando nos centramos, cuando pedimos perdón, cuando se despiertan las cualidades de la misericordia y la compasión, nos damos cuenta de la verdad, nos apegamos a ella verdad, y esto es lo que permite identificar lo que no es apropiado. No nos identificamos nosotros mismos, y la verdad dentro de nosotros no se muestra porque es una luz que brilla cuando la alcanzamos, y nos enseña lo que está bien y lo que está mal.

Cuando no tenemos esa luz, no podremos ver, y ella no nos pertenece, le pertenece a Dios. Estará disponible cuando nos enfoquemos en Él, pero si estamos ocupados hablando de política, de nuestra familia, de nuestra nación, de nuestra religión, de los bienes raíces, de todas las cosas del mundo sin sabiduría, estaremos alejando de Su luz hacia otras cosas.

Sólo podemos hablar de la sabiduría con personas que están abiertas a ella. Debemos aprender a reconocer quien escucha y quien no, quien ve y quien no para elegir pasar nuestro tiempo con los que ven, oyen y actúan de manera apropiada. Estamos muy influenciados por las personas con las cuales pasamos el tiempo. Si lo hacemos con la gente que mantiene enojada vamos a ser influenciados por la ira, por lo cual debemos ser cuidadosos al elegir a nuestros amigos, porque nos pueden llevar a las alturas o empujarnos a las profundidades.

Tenemos que tener cuidado en este camino y ser pequeños pues el camino es estrecho, tan estrecho como un cabello. Para una hormiga un cabello es un puente.

Para transitar este camino estrecho tenemos que ser pequeños para que haya el espacio suficiente que nos dé la oportunidad de que la ruta se abra y nos permita ver la verdad. El mundo no nos presta ninguna atención si no se la damos y Dios nos la brinda cuando se la damos a Él. Este mundo no tiene ninguna importancia, pero en el mundo de Dios, en el mundo de la verdad, podemos conocer la realidad tal como está destinada para que la conozcamos.

Que las cualidades de Dios sean nuestras cualidades, que ellas convertida en la luz brillen para nosotros mientras caminamos este sendero que nos muestra lo que es correcto y lo que está mal en el camino verdadero y directo hacia Él.

CAPITULO VEINTISEIS

Si queremos ser verdaderos seres humanos tenemos que ser transparentes, sin auto motivación, sin juzgar, sin muchos de los comportamientos aceptados

CAPITULO VEINTISEIS

La Transparencia

Si observamos el agua, el agua limpia, podemos ver a través de ella, no tiene color, luce uniforme, no hay separaciones. Se dice que el agua se ve de esta manera porque no es arrogante, una perspectiva interesante porque usamos el agua para purificación. Pensar en el agua como una manera de limpiarnos tiene sentido porque está libre de arrogancia. Al verter algo sobre nosotros, libre de arrogancia, sumergirnos en algo puro, que afecta la nuestra.

El Semitismo y otras religiones tienen todos los rituales relacionados con el agua y la ablución antes de la oración, o la inmersión ritual como una forma de limpieza. Todas las religiones tienen que ver con la limpieza, para ir por este camino donde Dios está implicado. Si el agua por sí sola pudiera hacer el trabajo sería fácil, pero no es así. El agua ayuda pero la limpieza interior es diferente a simplemente lavar con agua. Si nuestras manos están sucias y se lavan el tiempo suficiente, la suciedad se despega, pero al igual que Lady Macbeth de Shakespeare que no podía lavarse las manos, tenemos que encontrar una manera de limpiarnos interiormente.

¿Qué es esta purificación, ¿cómo se supone que debemos entenderla?

Hay cualidades que pertenecen a Dios y otras a las fuerzas de la oscuridad y la ilusión. En la política mundial vemos el uso de cualidades que no son de Dios; los líderes que dicen que van a hacer algunas cosas para cumplir ciertos objetivos, que el fin justifica los medios y lo que hacemos. En nuestras propias situaciones personales usamos el mismo tipo de razonamiento, encontramos que es aceptable comportarse así y creemos que nuestra intención es pura

Esto significa que nos hemos concedido un permiso especial para entrar en lo prohibido, porque pensamos que sabemos más. Hay una razón para entender la diferencia entre el bien y el mal, una razón para conocer las reglas religiosas que están permitidas y las que están prohibidas.

Cuando creemos que podemos entrar en lo inadmisible porque esperamos ciertos resultados, vamos a un lugar que está degradado, donde estamos sucios por dentro. Ya sea por razones correctas o equivocadas, si estamos sucios, estamos sucios

No podemos llevar esta suciedad con nosotros, tenemos que ser purificados, somos lo que portamos. Si estamos enojados con gente que está haciendo cosas que juzgamos incorrectas y usamos esta ira presumiendo que dispensamos la ira de Dios en algo inapropiado, lo único que conseguimos es estar enojados. Hay una historia sobre Alí, el yerno de Mahoma, que es relevante aquí. Él estaba en medio de una batalla y a punto de golpear a alguien, cuando su adversario le escupió la cara. Ali dejó caer su espada al darse cuenta de que ya no estaría luchando por Dios, sino por furia. Cuando le explicó a su oponente por qué había dejado de luchar, el hombre conmovido se entregó a la verdad y a la pureza. Este es el nivel de comprensión que necesitamos. Cuando interactuamos con los demás ¿son nuestras acciones limpias o somos farisaicos, asumiendo que sabemos más que ellos, que su religión es incorrecta y por lo tanto vamos a obligarlos a hacer lo que pensamos psicológica o físicamente o aún con el soborno, lo que sea necesario.

¿Tenemos derecho a comportarnos de esta manera prohibida? La respuesta es que tenemos libre albedrío, libertad de elección, podemos hacer lo que deseemos; si es adecuado o no, será otro asunto. Sin embargo, vamos a sufrir las consecuencias. El propósito de la religión es que nos cambie, no cambiar a nuestro prójimo, a nuestros amigos, a la gente que conocemos, ni para cambiar a la gente de otros países, sino para cambiar lo que somos y ponernos

La Transparencia

en un estado que sea apropiado para Dios.

Si nuestro enfoque cambia, si pensamos que somos los instrumentos de cambio y justificamos manteniendo las cualidades de la ira, del odio y de la mezquindad, esto es en lo que nos convertimos.

No podemos negar que esto es lo que llevamos, pero somos autosuficientes, decimos que no se trata de nosotros, simplemente estamos usándolo en su contra; esta ira es un juicio, es apropiado. Si eso es lo que pensamos, estamos perdiendo el punto, cuando nos encontramos enojados tenemos ira, cuando somos rencorosos sentimos rencor, condiciones que no tiene que ver con nadie más.

Tendemos a no ver las cualidades básicas subyacentes en nosotros. Cuando una persona es celosa podría decírselo a sí misma; esa persona es arrogante, su airada respuesta es apropiada para su arrogancia, mientras que ella no puede ver sus propios celos. Debemos entender nuestras respuestas, al igual que el agua sale limpia, nuestras relaciones con los demás deben ser claras, deben estar limpias de cualquier impura cualidad. Si otros no pueden ver lo que hacemos con claridad, si somos tortuosos y complicados, es difícil de entender, si hemos mezclado motivos ya no somos transparentes, no como el agua.

Cuando no somos transparentes significa que hemos recogido toda la basura del mundo y la hemos hecho parte de nosotros. Incorporamos todo eso y justificamos nuestra falta de transparencia: "Tengo que comportarme de esta manera, en esa situación, o van a crecer en forma incorrecta; Tengo que comportarme así o estas personas van a tomar el camino equivocado; Tengo que ser como soy porque la arrogancia de esta persona es tan grande que necesita ser corregida".

Creemos ser el remedio cuando la realidad es que tenemos que ver todo lo que la pureza puede hacer. Esto es difícil de entender y una de las razones de por la cual necesitamos un maestro. Si somos transparentes podemos limpiar a los demás con nuestra transparencia, así como el agua nos limpia, pero no podremos hacerlo cualidades que reflejan algo más. Si estamos en este estado transparente, significa que Dios puede llegar a través de nosotros, sin nada que bloquee Él. Cuando no somos transparentes Él no puede venir a través de nosotros, esas malas cualidades lo bloquean a Él, no son de Él. Él No puso esas cualidades en nosotros, las recogemos y nos las tragamos, hacemos de ellas una parte de lo que somos, destruyendo nuestra transparencia. Una vez que la transparencia va estamos perdidos como verdaderos seres humanos. Si queremos ser verdaderos seres humanos tenemos que ser de nuevo transparentes, sin la auto motivación, sin juzgar, sin muchos de los comportamientos aceptados por el mundo.

Necesitamos un nuevo conjunto de normas para reemplazar a las mundanas por las divinas, que entiendan la enfermedad en los corazones de los demás y nos permitan actuar como un bálsamo, como un remedio para esa enfermedad. Sólo la pureza puede curar ese mal. No hay otra solución, no podemos curar a la gente venciéndola, gritándola o diciéndole lo que debe hacer. Cuando las personas están enfermas no pueden oír, no pueden ver, no tienen idea de que estamos hablando, solo sienten su dolor y reaccionan a él.

Pensemos por un momento en las cosas que hacemos como reacción al dolor que nos hacen arremeter contra los demás. Para superarlo tenemos que ir más allá de nuestro dolor, llegar a un lugar transparente; cuando lo llevamos con nosotros no somos transparentes, estamos llenos de él. Las personas que andan con su dolor pueden ser peligrosas, terriblemente peligrosas, porque lo usan como justificación de gran parte de lo que hacen.

Podemos ayudarles a cambiar, mostrándoles amor, siendo amorosos, dejando que las cualidades del amor, la bondad, la misericordia y la compasión les lleguen sin juzgarles, sin tratar de moldearlas. Si captan nuestro amor confiarán en lo que somos, sabrán que estamos allí para impedir que caigan. Si no lo hacemos así no podremos ayudar; no podremos hacerlo a menos que entendamos su estado y su dolor como si fueran los nuestros.

Así como calmamos nuestro propio dolor para convertirnos en verdaderos seres humanos, podemos ayudar a los demás siendo comprensivos y cariñosos. Aliviamos nuestro dolor y nuestras dificultades, aprendiendo a amar, con un grado de amor que se convierte en el fuego que quema esas cosas. Nuestro amor puede ser un fuego para ayudar a otros a eliminar estas cosas a través de Dios, por su gracia y su gloria. Lo podemos hacer si somos transparentes. Si tenemos motivos egocéntricos, creyendo que las cosas deberían ser como queremos, tratando imponer nuestra propia visión del mundo, nuestros propios pensamientos e ideas, no seremos transparentes. No es un camino fácil de transitar, pero debe ser nuestro objetivo, entonces podremos convertirnos en ayudantes, en asistentes de todo el mundo a medida que nuestra transparencia comienza a aparecer, incluso si se revela por poco tiempo cada vez.

Su voluntad y su verdad pueden venir a través suyo, podemos ser pequeños faros de luz de Dios en el mundo. Esta es la obra de un verdadero ser humano, ser un faro de luz de Dios. Así como nos lavamos externamente con agua tenemos que mantener el lavado interior con el amor. Tenemos que amar a Dios, amarnos a nosotros mismos y amar todo lo creado por Él.

Entender lo que el amor significa. Aplicar un bálsamo de limpieza en nosotros mismos y luego a través de Él podemos ser un bálsamo para los demás. Esto significa desprendernos de todo lo que nos ha unido a las cosas que a menudo tienen que ver con la necesidad de tener el control. Mientras controlemos a otras personas, no podemos ser transparentes, por querer imponer nuestra voluntad no podemos ser transparentes. Nuestra voluntad nos hace menos puros, contiene la raíz de la arrogancia, es una causal de nuestra separación de Dios. La creación se alejó de Dios cuando vino a la existencia y mientras más se alejaba adquirió la ilusión de independencia lo que derivó en la arrogancia.

No hay independencia de Él, si estuviéramos sin Dios por un instante desapareceríamos, si el universo se quedara sin Él durante un suspiro, desaparecería. Siempre estamos sostenidos por Dios. Para ser fieles a ello, a la verdad misma, debemos dejar de lado la arrogancia de la que nos negamos a creer que nos sostiene y creemos que somos independientes. Cuando esa necesidad y ese sentimiento de independencia nos dejen, cuando nos demos cuenta de nuestra dependencia de su gloria, seremos gloriosos, no perderemos, ganaremos la cercanía a quien lo creó todo y esto se convierte en parte de nuestra existencia, que forma parte de nuestro ser, nos hacemos transparentes.

Que Dios nos ayude a comprender la naturaleza de la transparencia, que Él nos ayude a liberamos todo aquello a lo cual estamos apegados en este mundo. Que Él nos ayude a conocer su voluntad y a convertirnos en faros de su luz.

CAPITULO VEINTISIETE

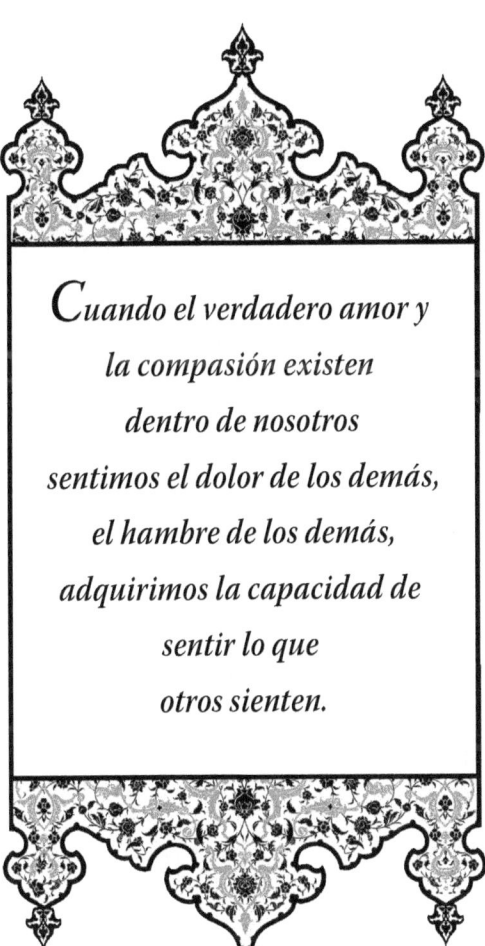

Cuando el verdadero amor y
la compasión existen
dentro de nosotros
sentimos el dolor de los demás,
el hambre de los demás,
adquirimos la capacidad de
sentir lo que
otros sienten.

CAPITULO VEINTISIETE

La Sinceridad

Se nos dice que Dios tiene noventa y nueve nombres que significan Sus cualidades; entre los más conocidos están Su compasión y Su misericordia. Cuando pensamos en compasión y misericordia las reconocemos como algo que sentimos por alguien más. Ambas cualidades transmiten un aspecto de las interacciones entre nosotros. Dios tiene misericordia y compasión y empatía por su creación, y el entendimiento de su condición. Para ser verdaderos seres humanos necesitamos tener empatía, porque un verdadero ser humano tiene las cualidades de Dios y Él tiene empatía.

¿Tenemos empatía por la creación de Dios y por nuestros semejantes? El ladrón que roba a la casa de alguien no tiene empatía por la persona a la cual le roba; un niño que practica el matoneo no tiene empatía por aquellos a quienes intimida. Estos individuos están encerrados en sí mismos, no podrán sentir más allá de ellos, no han desarrollado la capacidad de experimentar algo más allá de sí mismos. Quienes fueron sometidos a abusos cuando jóvenes, se vuelven muy temerosos porque son conscientes de su propio dolor y el terror puede aislarlos de todos los demás; mientras teman a otros no tienen la capacidad de entender los sentimientos de los demás.

Cuando el verdadero amor y la compasión existen dentro de sentimos los dolores y el hambre de los demás y adquirimos la capacidad de sentir lo que otros sienten. Hay tantas personas solas en este mundo, tal vez debido a su incapacidad para saber cómo se sienten otras personas. Si lo hacen, su reconocimiento podría estar envuelto en una necesidad de cambio, entender que se siente si haces algo por mi. Necesito tu gratitud, tu amor, algo de ti. Esto no es original, es la empatía en su mínima expresión. La empatía se expande sólo como esperamos menos a cambio. Cuando la empatía es sincero, no querer nada a cambio, puede ser el primer partido de un estado de la sinceridad con Dios.

La sinceridad significa hacer las cosas sin ningún interés en lo que la gente piensa o dice. Algunas personas que parecen tener empatía se comportan de esa manera por los elogios, porque esperan que se les diga que son personas maravillosas, que debemos honrarlo, reconociéndole lo que ha hecho. Pero la sinceridad prescinde de todo eso, hace las cosas por el bien mismo, porque es correcto, no en espera de alguna recompensa.

Cuando eliminamos la necesidad de recompensa nos volvemos más sinceros, la hipocresía se va, pero sigue mirando alrededor de la esquina porque, siempre quiere algo, deshonesto, porque tiene sus propias razones para hacer las cosas. Como la sinceridad pertenece al reino de Dios no implica engaño, es en sí misma lo que Él quiere que hagamos y esa es nuestra recompensa.   Los Maestros sabios han dicho que sinceridad significa hacer lo que es correcto, sin ningún pensamiento de espera de recompensa o castigo; hacerlo sólo porque se debe hacer. Si examinamos este estado, entendemos lo que significa el desamor del mundo; enterarnos de que hay razones para hacer las cosas en formas diferentes de las que nos han enseñado.

Tenemos el conocimiento necesario para ser buenos y hacer cosas buenas, es decir ayudar a los demás. Si cumplimos con esta idea, como para mejorar la imagen que tenemos de nosotros, creamos ídolos de nosotros mismos, en busca de méritos, de alabanzas, de la adoración que creemos merecer por ¡todas las cosas buenas que hacemos! Dejemos atrás ese producto de la imaginación, abandonemos ese erróneo ídolo interior. Mientras creemos un ídolo de nosotros que nos hace cómodos, siempre y cuando tengamos este proceso influyendo en lo que hacemos y expectativas o engaños que nos motivan, no somos puros. Mientras tengamos esta impureza no descubriremos un lugar de descanso o paz. Incluso si parece que somos los que entregamos, en realidad tenemos esa necesidad; tenemos que vivir sin ella y hacer las cosas simplemente por el deseo de bienestar diferente, transparente no solo para los demás sino para los demás. En este nuevo estado ya no bloqueamos nuestro propio camino con pensamientos, necesidades, deseos y expectativas. Mientras estemos llenos de pensamientos y deseos opacos, no podremos ver a través de nosotros mismos para encontrar nuestro camino hacia Dios; tenemos tanto que vadear, subir, dar vueltas. Si no somos transparentes estaremos llenos de hipocresía, de razones, de necesidades.

La verdadera compasión viene de Dios a través de una persona purificada que lo disemina como Su compasión. Cuando ofrecemos compasión o misericordia de otra manera, es la misericordia y la compasión con condiciones. Misericordia que no sea pura no puede sanar como Su misericordia hace. Hay curanderos que nos pueden tocar y hacernos sentir mejor; lo hacen porque son canales para nuestro Señor que puede hacer cualquier cosa. Mientras nos mantengamos todo en el interior no hemos llegado a ese estado; cuando nos preocupamos por nuestro estado, no hemos llegado a ese estado, cuando gastamos nuestro tiempo preguntando hacia dónde vamos, qué haremos ahora, qué pasará mañana; siempre y cuando nada de esto nos parezca importante, nuestro progreso espiritual será difícil.

Esto no significa fracasar en nuestros deberes mundanos, no significa que no cuidemos de nuestras familias, ni que no cumplamos con nuestras responsabilidades sino que debemos entender que los resultados están en las manos de Dios, no en las nuestras. Todo lo que podemos hacer es lo correcto; si estamos más preocupados por los resultados que por hacer las cosas bien, estaremos todavía aferrados al elogio y a la censura y en búsqueda de recompensas.

Eso debe ser eliminado sin renunciar al esfuerzo, una paradoja, dos maneras diferentes y opuestas de mirar la misma cosa y al mismo tiempo. Entender que el mundo está lleno de paradojas, física y espiritualmente luego tenemos la obligación de actuar en ambas esferas de manera apropiada.

También hay que entender las limitaciones ejerce nuestra naturaleza espiritual sobre nuestra forma física; tenemos la obligación de responder a lo físico, cuidarlo de manera que se separe de cualquier sentido de alabanza o culpa; desapegados de ellas y apegamos a servir a nuestros semejantes con profunda sinceridad, sin ninguna expectativa de recibir algo a cambio. Otra paradoja es estar aferrados y no aferrados al mismo tiempo. Hasta que no veamos las cosas como realmente son no existirá la realidad, mientras no existamos en la realidad tendremos que tratar con la ilusión, nuestro mundo no será más que ilusión y todos sus problemas. La claridad de la comprensión y la búsqueda de la realidad deberá ser nuestro enfoque y también estar conectados a tierra por los deberes que tenemos con el mundo. Que nada nos abrume, que nada choque con nosotros ni con nuestras vidas para que no se vuelvan difíciles, y lleguen a inmovilizarnos. No podemos dejarnos abrumar por lo externo ni lo interno. Hay tantas cosas en este mundo que nos causan dudas que deben ser tratadas con firmeza sin importar las circunstancias. Tenemos que ser inmunes a ellas, inoculados, como lo hacemos contra ciertas bacterias. Las cualidades de Dios nos dan inmunidad contra la ilusión; sin ellas somos susceptibles a las bacterias de la ilusión y a las enfermedades que causan, enfermedades del corazón, la falta de respeto, la falta de empatía, la hipocresía, las necesidades, la avaricia. Estas son todas las enfermedades del corazón.

Estas enfermedades son las dificultades que tenemos en el mundo. Nos hemos encontrado con la realidad, la ilusión nos ha infectado, nuestras vidas están infectadas. Necesitamos una cura para aliviarnos de la ilusión, que viene en diferentes formas y maneras. Una cura viene en la forma de la práctica de formas espirituales, incorporadas de manera regular, para sentirnos cómodos con ellos, para estar sin las distracciones del mundo. Tenemos que estar lo suficientemente cómodos para evitar que nuestra mente vague llevándonos a otro lugar y cambie nuestro nivel de sinceridad y verdad. Estas prácticas pueden prevenir el contagio que nos hace amar al mundo más que a la verdad mundo y más de lo que amamos a Dios, a nuestra fe, al mundo, a la compasión y a la misericordia. Debemos desarrollar un estado interior tranquilo, pacífico, capaz de darse cuenta fácilmente de la verdad. Una vez que desarrollemos ese estado el seguirá creciendo; a medida que crece, la luz amanece también dentro de nosotros.

Cuando dejamos entrar esta verdad, un fuego quema esa parte de nosotros que es la ilusión. Algunas cosas necesitan que esa llama crezca y nos permite que nuestra flor de la verdad florezca. Hay algunas plántulas en el bosque que necesitan calor para germinar, para producir nueva vida. Así es con nosotros, necesitamos el fuego del amor para quemar cualidades de base para que la verdad pueda crecer.

Hay una espesa maleza dentro de nosotros mismos que debe ser eliminada para abrirle espacio a la luz interna, para que ella crezca como la parte más importante de lo que somos. El fuego asusta a los animales, pero este es de un tipo diferente de fuego que no debemos dejar que nos asuste, porque debemos acercarnos a ella. Los animales de nuestro interior huirán, pero pueden soportar los restos ligeros. Hay que tener la luz interna firme, ser parte de ella.

Que el fuego del amor arda en nuestros corazones.

CAPITULO VEINTIOCHO

*Si actuamos con las cualidades
de Dios,
si las dejamos que fluyan a través
de nosotros
serán los más exaltados
momentos, nuestro camino a la
realidad.
Estas cualidades
son la llave de la puerta.
Para alcanzar la compasión
tenemos que ser compasivos,
para la calidad de la
misericordia
debemos ser misericordiosos
para tener la calidad de la
justicia debemos ser justos.*

CAPITULO VEINTIOCHO

Las Cualidades de Dios

Cuando los verdaderos grandes maestros nos hablan invocan nuestro yo supremo, nos invitan nuestro corazón, nuestra esencia a evidenciarse.

Las personas son atraídas a estos maestros, ya que su ser más puro puede estar presente, venir a la luz y quedarse con ellos para que eso suceda una y otra vez. Un gran maestro tiene la capacidad de invocar el alma, para hacerla vibrar. Tenemos un zoológico, una colección de seres dentro de nosotros, pero cuando nos sentamos ante un maestro él está interesado en abordar nuestra parte más elevada, que viene directamente de Dios y vuelve a Él. Una vez reconocemos que esto, tenemos la oportunidad de ver nuestra parte oculta y secreta. El milagro de esta interacción con un maestro, es la captura de una idea de lo que podemos ser, al ver el potencial de nuestra propia existencia.

Cuando interactuamos con el mundo, normalmente no tenemos la oportunidad conectarnos con ese ser es único. Sin embargo si tenemos otras relaciones, con nuestro cónyuge, nuestros hijos, nuestros amigos y socios y con todas las personas que conocemos. ¿Qué invocamos? Si nos relacionamos con personas en su lugar más elevado, en la verdad de su realidad, en su más alto potencial, es posible que puedan responder desde ese lugar, pero si nos relacionamos con las personas en su estado más bajo, responderán desde ahí.

Invocando el potencial más bajo podemos obtener la misma

acción en nosotros mismos.

Creamos nuestros momentos, cuando estamos resentidos y descarga ese sentimiento contra alguien que viene a nosotros, entonces tenemos que soportar esa carga.

Si le ofrecemos amor a alguien y no lo acepta, lo que queda es nuestro propio amor y no hay nada de malo en esto. Cuando invocamos los estados negativos en otros, esto se hace recíproco, cuando encendemos un fuego para quemar la casa de otra persona, nos quemamos nosotros mismos. Entendamos que lo que hacemos a los demás, nos lo hacemos a nosotros mismos. Si queremos salvarnos, hemos de tener cuidado de no hacer daño a nadie más. El mundo piensa que para salir adelante es necesario empujar a otros fuera del camino, pasar por encima de ellos, pero eso no es cierto, esa no es la realidad.

La verdad es que seremos más si ayudamos a los demás a ser más. ¿Nos duele ofrecer el amor, nos rebaja abrazar a todo el mundo? Es todo lo contrario, hace más por nosotros, nos da la posibilidad de amar mucho más. Cuando recibimos dardos no deseados en nuestra vida cotidiana, tenemos que verlos de un modo nuevo y entender que todo eso proviene de las enfermedades del corazón, relacionadas con la incapacidad de amar y esa condición debe ser curada. Una vez que nos damos cuenta de ello, es nuestra responsabilidad remediar tal situación.

Tenemos el potencial para alcanzar la pureza, aunque otros quieran negarlo. No adoramos a los seres sabios y santos que manifiestan un estado perfecto de consciencia, solo adoramos a Dios, no a quienes Él envía como ejemplos. Si no lo hacemos así traicionamos nuestro conocimiento de lo divino, y no apreciamos el camino que esos maestros revelan. Dentro de nosotros existe la posibilidad de amar y cuando esta se abre, cuando ese amor comienza a fluir se deposita en un gran cuerno de la abundancia del amor, siempre lleno, que no se puede vaciar. Continúa dándose porque es el poder que creó todas las cosas, el poder dentro de todo, debajo de todo, encima de todo, al lado de todo, el poder que mantiene al universo en su lugar, en existencia. Si ese poder fuera retirado tan solo por un segundo todo desaparecería, pero Dios es misericordioso, y decide continuar dándolo.

¿Qué significa hablar de Dios en el hombre y del hombre en Dios? Significa adquirir las cualidades de Dios y distribuirlas. Como Dios es misericordioso, debemos ser misericordiosos. Él nos ha permitido entender lo que es ser misericordioso, para sentir el resplandor de la misericordia. Dios nos ha dado la capacidad de encarnar sus cualidades.

Si actuamos con Sus cualidades, si dejamos que fluyan a través de nosotros, serán nuestros momentos más exaltados, nuestro camino a la realidad. Estas cualidades son la llave de la puerta. Para vivir la cualidad de la gracia, tenemos que estar atentos, ser esa cualidad, para serlo de la compasión tenemos que ser compasivos, para alcanzar la cualidad de la misericordia, tenemos que ser misericordiosos y para la de la justicia que tenemos que ser justos.

La comprensión de estas cualidades significa que tenemos que ser ellas, pero no de manera hipotética sino en la realidad, en todos los aspectos de nuestra existencia. La verdadera prueba es reconocer y enfrentar todo lo que nos impida ser justos, misericordiosos, compasivos. ¿Se requiere más que el hecho de que alguien se nos atraviese en el tráfico o se necesita mucho más? ¿Cuánto podemos soportar y seguir encarnando una buena calidad? Dios lo resiste todo, Él no cambia. Un maestro verdaderamente sabio resiste todas las dificultades que se pongan ante él, absorbiendo las condiciones de todo el mundo, la comprensión de ellos y ayudando a todos en forma apropiada. Hay una historia de una madre que fue ante un gran maestro pidiéndole que le dijera a su hijo que dejara de comer azúcar. El maestro pidió regresar en unos pocos días, que él lo haría, que entonces hablaría con el niño, para pedirle que dejara de comer azúcar. Cuando la madre le preguntó por qué tenía que esperar unos días, el profesor le explicó que debido a que había estado comiendo azúcar, necesitaba dejar de consumirlo él para experimentar esa condición en el mismo antes de dar un consejo.

¿Podemos hacer nosotros lo mismo, mantener una actitud positiva, invocar lo más alto de las personas que conocemos? Esta acción ha de comenzar en el hogar, entre el marido y mujer; ella puede hacer de su marido un rey o un mendigo, y él puede hacer de ella mujer una reina o una mendiga. Tenemos la capacidad para elevar el potencial de todos con los que entramos en contacto y sobre todo de aquellos a con que estamos cerca. Las personas abusivas causan el mayor daño a sus familias, y a los que están más cerca de ellos. Las personas que aman dan más amor a los que están más cerca de ellos. Existe el potencial para conseguir lo mejor de nuestras familias, de nuestros amigos y nuestra comunidad y de todas las personas que conocemos.

Hay una historia hindú sobre dos diosas que eran hermanas, una era la diosa de la mala fortuna y la otra a la diosa de la buena fortuna. Los dos llegaron a un pueblo, pidiéndole a la gente decir cuál de ellas era más hermosa. Todos tenían demasiado miedo de responder, así que las llevaron ante un hombre sabio. Este meditó un momento y

pidió que ambas entraran en la sala y salieran enseguida. Cuando lo hicieron opinó que la diosa de la buena fortuna parecía más hermosa cuando entró en la habitación y que la diosa de la mala fortuna parecía más hermosa mientras salía

¿Cómo somos nosotros, la gente se alegra cuando llegamos o se siente aliviada cuando nos vamos? Debemos tratar de entender quiénes somos y cómo y por qué otros reaccionan ante nosotros. Debemos estudiarnos. ¿Amamos o abusamos? ¿Somos tan culpable por lo que hicimos en el pasado que no podemos encontrar nuestro amor, estamos tan avergonzados de nuestras acciones pasadas que estamos aprisionados, inmovilizados, y no vamos a ninguna parte? Tenemos que seguir en movimiento, este es un camino que no termina, hay que seguir adelante, dejando atrás lo que teníamos. Renacer físicamente en cada momento, a medida que cambia nuestra estructura celular y cambiar también espiritualmente, iniciar esos cambios dentro de nosotros.

Seguimos estancados mientras nos tomamos nuestra comodidad en el mundo, no nos movemos una vez pensamos que tenemos un lugar agradable. Esto ocurre si pensamos muy alto de nosotros mismos, si creemos que hemos progresado muy bien. Si nos falta humildad, si creemos que ya estamos iluminados y que no necesitamos otro lugar adonde ir. Pero siempre habrá donde más ir, esta ruta no tiene final. Si no tenemos la humildad seremos humillados, el mundo humilla todo, destruye todo. Si vamos a un hogar de ancianos y miramos nuestro estado a medida que envejecemos, sin humildad no podremos soportarlo.

Hay una historia acerca de Jesús en el desierto, que descansaba sobre una roca por almohada. Satanás se acercó y le dijo a Jesús: "Dame lo que es mío".

Jesús dijo: "No tengo nada tuyo".

Satanás replicó: "La roca debajo de tu cabeza, que te da comodidad, porque las comodidades del mundo me pertenecen, son mías". Entonces Jesús arrojó lejos la roca.

Hay confort en este mundo, pero el verdadero viene de Dios. Reemplacemos ese, al que estamos acostumbrado, por el de Dios, cambiando la satisfacción que sentimos por las cosas del mundo por la satisfacción de Dios, adquiriendo la habilidad de vivir en las cualidades de la misericordia y para que el amor sea nuestra satisfacción. Debemos cambiar lo que nos motiva. Si nos quedamos por una hora concentrados en Dios, experimentaremos Su amor, puede la comodidad de su amor satisfacernos? Mientras no lo hagamos estaremos apegados a las comodidades del mundo, de las cuales debemos dejar de depender. Dios y sus representantes sabios nos enseñan a despegarnos de las comodidades del mundo.

En presencia de los grandes maestros, el mundo desaparece, solo importa la experiencia de la realidad, la comprensión de los niveles más altos, y nuestro mayor potencial de gratificación. Las pequeñas recompensas vienen del mundo, la recompensa grande consiste en comprender nuestra relación con Dios. Sólo cuando amamos esa relación más que al mundo, comenzamos a cambiar. Las obsesiones mundanas pueden llevarnos al infierno, pero la obsesión por Dios nos lleva al cielo. Conocemos un poco sobre el deseo y la obsesión, porque nos hemos pasado la vida con ellos, más ahora estamos ya enterados de cómo hacer lo apropiado para que nuestro deseo sea tan solo el deseo obsesivo de llegar a Dios.

La paciencia es un parasol levantado sobre el trono de Dios. A medida que nos comprometemos a cambiar, con paciencia y fe y utilizando certeza y determinación como piernas para transitar este camino y regresar. Debemos tener paciencia y la certeza de que estas enseñanzas resplandecientes son verdaderas. A pesar de que no podemos verlo ahora, lo haremos más adelante; el roble era una vez una semilla. Lo que fue apropiado cuando éramos, jóvenes, no lo es ahora. Lo apropiado para nuestra vida ahora es la realidad, la verdad, la relación con Dios. Entender cómo caminar y actuar de manera apropiada , como ser positivos en nuestras relaciones con los demás y llevar adelante nuestro propio potencial para compartirlo con otros. Que todos podamos llegar a este entendimiento, que las cualidades de Dios fluyan a través de nosotros para que podamos caminar con Él.

CAPITULO VEINTINUEVE

Nuestra mente no vive en este momento, vive en el futuro o en el pasado. Ambos tienen la misma realidad para ella. Una vez que nos involucramos con el futuro o con el pasado nuestro estado será en esencia un estado mental, que no una que no involucra al corazón. A menos que estemos en un estado que si lo haga, no vamos a estar en la realidad, sino en la ilusión, en nuestra mente que es un océano de la ilusión.

CAPITULO VEINTINUEVE

Convertirnos en lo que Aspiramos Ser

Un viejo aforismo sufí que se remonta cientos de años, dice que el sufismo solía ser un estado de ser sin nombre y ahora se ha convertido en una filosofía, sin un estado del ser. Hay una diferencia entre la filosofía y el ser, entre saber de qué hablamos, y solo tratar de describirlo intelectualmente. Diferenciamos entre los que creen en Dios y los que han interiorizado las enseñanzas de la sabiduría hasta el punto de que esta sabiduría es su razón de ser. Los animales pueden ser entrenados, se les enseña a realizar ciertas acciones, pero eso no significa que tales acciones transformen su estado de ser. Todos sabemos algo sobre el yo inferior, esa parte de nosotros que nos lleva a actuar de forma animal, esa parte de nosotros susceptible a esa voz que atrae e incita con las trivialidades y resplandores del mundo.

Al profeta Mahoma se le preguntó si todavía tenía los deseos y las inspiraciones de su yo inferior. Se dice que contestó que los tenía, había convertido, que los había vuelto creyentes en Dios; no dijo que tuvieran sabiduría sino que se habían convertido en creyentes en Dios, que esos animales fueron entrenados, que ya no le interrumpían ni le causaban problemas pero que no habían transformado o cambiado su naturaleza, porque el ser inferior sigue siendo el yo inferior. Debemos reconocer que a medida que avanzamos por la vida, el ser inferior se queda con nosotros. ¿Qué podemos hacer al respecto, ¿cómo incorporamos la sabiduría nuestro estado de ser, ¿cómo integramos esas buenas cualidades que apreciamos y anhelamos? ¿Cómo hacemos del amor, de la misericordia y de la compasión nuestro estado de ser? ¿En lugar de sólo hablar de estas cosas lo hacemos? diciendo: "En el nombre de Dios, el Clemente y Misericordioso", no diciendo que Su nombre es la misericordia y la compasión, sino que Él es la misericordia y que Él es la compasión. En lugar de sólo hablar de estas cosas, ¿cómo los hacemos? Cuando decimos: "En el nombre de Dios, el Clemente y Misericordioso," no estamos diciendo que su nombre es la misericordia y la compasión, estamos diciendo que es la misericordia, Él es la compasión. Deberemos preguntarnos si podemos ser la misericordia y si podemos ser la compasión, la paciencia y la gratitud. En la tradición islámica a muchos se les dan nombres árabes que representan estas cualidades, por ejemplo 'Abdul Shakūr, que significa el esclavo de la gratitud. El nombre indica que esta persona ha sido bautizada así por una de las cualidades de Dios, a la cual toda persona debe aspirar a convertirse. Si podemos llegar a ser esclavos de la gratitud, podremos llegar a ser la gratitud misma, nos habremos rendido a ella y ahora es más grande que nuestro ego y hemos entrado en un estado que es la gratitud.

La paciencia juega un papel importante en este proceso; no podemos forzar las cosas. La voluntad que gobierna todo lo que no es nuestro, sino de Dios. Con esto tratamos de alinearnos, de apegarnos de integrarnos a ello. No podemos hacerlo si nuestra voluntad es egocéntrica o deseo. Sin paciencia, tratamos de forzar las cosas. Si realmente tenemos gratitud y estamos satisfechos con nuestra situación actual, podemos luchar por el cambio. Sin embargo, no debemos esperar ni estar unido al resultado. Gratitud permite el hecho de que no es nuestra voluntad, sino la voluntad de Dios que determina las cosas y estamos satisfechos con su voluntad. Si estamos verdaderamente agradecidos, no somos impacientes, no estamos ansiosos y no estamos abatido por lo que no podemos obligar a existir. Una vez que entendemos la naturaleza de la gratitud, también entendemos que los cambios se producen en el tiempo de Dios, no la nuestra. La paciencia y la gratitud entonces van de la mano

Entender la diferencia entre forzar una situación y permitirle ocurrir, madurar. Cuando hacemos lo primero no paladearemos el aroma y el sabor de la verdad porque no será la verdad.

Si tenemos una pera verde y queremos comerla, no va a madurar porque pretendamos que lo haga, incluso si tratamos de la golpeamos para lograrlo. Cuando la mordamos todavía estará verde. Podríamos llamar a nuestra actitud agradecida, pero tan solo será lo que es; calificarla así no tendrá consecuencias en la realidad. Las cosas son o no son, la imaginación no les da vida. Un estado se produce cuando Dios lo quiere, cuando tenemos la paciencia para esperar que madure

Hablar de estos estados, leer sobre ellos, pasar tiempo con las personas que los han alcanzado e imaginar esos estados es como arar el campo. Tenemos que hacer el esfuerzo que se requiere de nosotros. Se nos dice que Dios ama nuestro esfuerzo, que es nuestra obligación. Nadie ha dicho que Dios ama nuestras expectativas. Aquí tenemos otro problema humano, nuestra mente y su deseo de empujarnos hacia un futuro que contemplamos como si fuera el presente: pensamos de nosotros mismos como agradecidos en un futuro imaginario y creemos que lo estamos siendo ahora. Este pensamiento ficticio, esta imaginación, nos alejan de la realidad; si evolucionamos sólo en nuestra imaginación, nos habremos alejado de la paciencia, de la condición que nos permite caminar a través de la puerta de ingreso a la realidad; sin paciencia no podremos cruzarla. No podemos estar agradecidos por lo que vamos a tener en el futuro, sino por lo que tenemos ahora, por lo que entendemos ahora, por lo que existe en este momento

Los Sufíes han sido llamados los hijos del momento, porque no se aferran al pasado ni se conectan con el futuro, viven el momento. Nuestra mente no vive en este momento, vive en el futuro o en el pasado. Tanto el futuro como el pasado crean la misma realidad para nuestra mente. Una vez que nos involucramos con uno de ellos es esencialmente un estado mental, que no involucra al corazón. A menos que estemos en un estado que incluya al corazón no estaremos en la realidad sino en la ilusión, en la mente que es un océano de la ilusión.

Un estado mental no existe en la realidad, sólo cuando la mente se omite puede haber un estado, en realidad, sólo cuando estamos en contacto con eso, ya no atraídos por los caprichos de nuestra naturaleza insaciable , ni atraídos o hipnotizados por las cosas del mundo, mucho menos influidos por cada evento que pasa, sólo entonces nos sentiremos esa paz. Cuando estamos en reposo, ya no abrumados por los objetos y circunstancias que nos rodean, cuando experimentamos una sensación de tranquilidad dentro de todo eso, no reflexionando con ansiedad o miedo, ni con euforia o depresión, sólo entonces entenderemos que hemos entrado a un sitio más cercano a la realidad.

Las tormentas elementales que se producen en el mundo se producen en realidad también dentro de nosotros. Los volcanes entran en erupción, son fuerzas elementales; nosotros también tenemos dentro esas erupciones. Los tornados giran y destruyen todo lo que tocan; también tenemos esos estallidos dentro de nosotros, pero podemos detectarlos desde el principio, lo que nos permite aceptarlos o evitarlos. La dificultad aquí es ser conscientes del estado en que nos encontramos mientras tratamos de actuar en contra de el para evitar la destrucción que causa. Necesitamos la capacidad de reconocer ese estado, de lo contrario no podremos conocernos a nosotros mismos. Si no entendemos la diferencia entre la paz y la perturbación no podremos conocernos a nosotros mismos; necesitamos examinarnos muy de cerca.

Una vez que reconocemos un estado altamente volátil dentro de nosotros tenemos que reconocer que es el momento de desconectarnos, de desprendernos. Por mucho que podamos en ese momento, debemos tratar de no involucrar al mundo exterior. Esta es una prueba útil de nuestra capacidad de evitar reaccionar a esos estimulantes externos, de localizar nuestro centro cuando los elementos están fuera de control. El ojo de un huracán se ve calmado, todo da vueltas a su alrededor, pero ese centro no aparenta actividad. Cada vez que los huracanes de nuestras vidas se apoderan de nosotros, los huracanes de nuestras circunstancias nos atrapan; sólo entonces tenemos que encontrar nuestro espacio central. Ese centro es nuestra protección, nuestro santuario, la capacidad de evitar la confusión.

Esta es una manera de escapar del karma, que girar en todas las direcciones. ¿Lo aceptamos o tratamos de encontrar la quietud, el centro que lo impide? Un verdadero maestro de la sabiduría puede hacer eso, protegernos mientras nuestro karma se arremolina alrededor, librarnos de esas fuerzas, ofreciéndonos refugio, en una burbuja de seguridad. Deberíamos aprender algo acerca de ese refugio y encontrar ese lugar que nos transporta a los estados de la realidad. Pero primero hemos de cortar nuestra conexión con el mundo, en el que lo que otros piensan de nosotros parezca importante y nuestro estado, nuestros títulos y la riqueza parezcan importantes, y poseamos estas cosas con entusiasmo y veamos las diferencias entre las personas, entre las religiones, entre las razas, no podremos escapar de nuestro yo inferior.

Ese es el mundo del ser, el que nos involucra, si reconocemos que estamos en un estado mundano. Para cambiarlo por el de santidad y ser amigos de Dios, tenemos que cambiar la naturaleza de nuestra relación con el mundo.

Ya no podemos permitir que él ejerza tanta influencia bajando poco a poco, para que aumente la influencia de Dios en forma paulatina pues la de Dios debe ser más importante y la del mundo menor. Esta es una nueva forma con las nuevas prioridades y hasta que las establezcamos de manera firme, estaremos atrapados por los caprichos y fantasías de los deseos. A menos que pongamos fuera de control todo eso a lo que estamos apegados, a un capricho, nunca veremos la verdad. Tenemos que ser honestos, ver cuando el capricho nos atrapa y juega con nosotros, al igual que un gato juega con un ratón. Nos lleva de una cosa a la otra pero no nos mata, sigue jugando con nosotros. El ratón, al menos intenta escapar, mientras nosotros negamos que algo está jugando con nosotros, que estamos sosteniendo un capricho, pero que no nos controla, pero nosotros a él si. Los animales tienen la inteligencia para huir, mientras nosotros abrazamos a nuestra captor, lo alabamos, escribimos novelas sobre él.

Dios en su misericordia nos sigue enviando mensajes para recordarnos nuestro estado y lo que podría llegar a ser. Esos mensajes son para nosotros, tenemos la obligación de salvar a nuestra propia humanidad, obligación con cada uno de nosotros. Primero tenemos que salvarnos nosotros, si no podemos hacerlo, no podremos ayudar a los demás de manera apropiada. Mientras estamos ciegos somos guiados por los caprichos de la irrealidad de la ilusión que es todo de lo que somos conscientes y todo lo que sabemos. El cambio comienza con el desacoplamiento, algo difícil. Un tren de carga, tirando de un centenar de coches, necesita una gran distancia para detenerse. Cuando los frenos se aplican saltan chispas en todas direcciones; si se detiene demasiado pronto algunos coches se dañarán y todo a su paso se dañará. Para detenernos hemos de ser conscientes de avanzar en otra dirección. Esto es como tratar de convertir a un león en vegetariano, podemos feroces como él. Tenemos que Entender que sólo podemos cambiar lentamente.

Debemos tener paciencia y empezar renunciando a las cosas inapropiadas. A medida que caen se abre espacio para lo apropiado, pero primero se libera todo lo inapropiado. Hay que entender la diferencia entre una vida apropiada y una no apropiada. Una verdadera comprensión moral debe ser un hecho, no deberíamos estar debatiendo si debemos o no de manera inapropiada. Tenemos que estar en un lugar donde no haya dudas acerca de la moralidad, más allá del conflicto moral. Esto toma tiempo. Sin paciencia nuestros leones interiores explotarán, gruñirán, nos empujan a hacer lo que no queremos.

La gente que pasa tiempo con ladrones no aborrece el robo. Cuando vemos algo malo una y otra vez ya no nos impacta, no nos horroriza. No debemos perder nuestra capacidad de sentir horror por lo inapropiado, ni acostumbrarnos a las cosas que están mal y mucho menos aceptar como aceptable el comportamiento inadecuado. Debemos establecer estándares más exigentes para nosotros, sin juzgar lo que otros hacen; el juicio no es nuestra responsabilidad, Dios lo ha guardado para Él. Cuando observamos las acciones de los demás, debemos pensar que sólo Dios conoce su estado. Podemos presumir la misericordia para los demás, pero no podemos dar un solo paso equivocado porque alguien nos está mirando de cerca. Algunos de los que así lo hacen parecen creer que Dios hará una excepción para ellos, que Él les permitirá alguna pequeña cosa. No podemos hacer ninguna excepción para nosotros, sólo para los demás. Tenemos que vivir con un estricto código y luego esperar. Necesitamos paciencia para estar tranquilos, para cumplir rituales espirituales permanentes en nuestras vidas. Debemos seguir rindiendo homenaje a Aquel que es nuestro Señor.

Estas cosas han sido prescritas, sabemos lo que son, tenemos que incorporarlas a nuestras vidas. El silencio debe ser parte de nuestra existencia; ese silencio, donde el mundo no nos toca mientras hacemos contacto con la realidad, con la verdad, con Dios.

Que Dios permita que eso ocurra para cada uno de nosotros.

CAPITULO TREINTA

Debemos corregir nuestra actitud para que el drama del mundo sea menos importante para nosotros y se incremente nuestra capacidad de ir a un lugar de silencio. Cuando estemos tranquilos, la vibración y la resonancia de la verdad nos pueden tocar, pueden nos afectan.

CAPITULO TREINTA

La Copa Vacía

Un hombre joven fue una vez donde un ministro y le dijo: "Dime la diferencia entre la comedia y la tragedia, quiero ser un dramaturgo ".

El ministro lo miró y le respondió: "¿Ves ese techo, lo empinado que es? Hace dos días, mientras miraba por la ventana, alguien estaba poniendo tejas nuevas en él para reparar una fuga. De pronto se resbaló en un par de tejas, se deslizó por el techo, cayó al suelo y se rompió la pierna. Esa es la comedia. Ayer, mientras preparaba mi sermón, mirando a través de los papeles que había alistado para leer, me hice un pequeño corte con un papel. Esa es una tragedia.

"La manera de entender las cosas a veces tiene que ver con lo cerca que estén de nosotros y la magnitud del impacto que nos causan. Les concedemos más importancia y pensamos más en las cosas que nos afectan de manera diferente. Ya que todos caminamos en un cuerpo, cada vez que chocamos con algo nos impacta; siempre estamos chocando con las cosas que nos afectan. Ahora la pregunta que deberíamos hacernos es ¿cuán sutil es nuestro cuerpo? Puesto que no estamos compuestos de vapor, cuando chocamos con una pared habrá un gran impacto. También tenemos que examinar nuestra sutileza interior. Si es como el vapor, no se estropeará con facilidad. ¿Qué tipo de colisión hace mella en nosotros, ¿una abolladura tan abrumadora necesita ser reparada?

Si alguien nos mira mal, eso hace mella en nosotros? Y si alguien se nos cruza cuando conducimos el auto, eso hace mella en nosotros?

Si estamos en una situación difícil, eso hace mella en nosotros? ¿Cuál es el nivel de drama en nuestra existencia, ¿cuánto crédito le damos a las manifestaciones con las cuales chocamos? ¿Cuál es nuestro nivel de participación, con qué intensidad reaccionamos ante lo inapropiado, que tanto crédito le damos, cuantos elogios, que nivel de importancia, cuanto tiempo y esfuerzo? ¿Cuánto pensamos en las cosas pequeñas de la vida, que tan obsesionados somos? ¿Tenemos prioridades, qué importancia le damos a nuestro cuerpo y a nuestra alma? ¿Cuánto tiempo pasamos interactuando con el mundo y con Dios?

Llamemos pequeña a nuestra interacción con el mundo y grande a nuestra interacción con Dios. Cuando estamos inmersos en pensamientos mezquinos o cosas pequeñas, que tratan con el mundo, no hay lugar para interactuar con Dios. Estar obsesionados con las cosas pequeñas nos llena la copa, no queda espacio para nada más; tenemos que vaciar la copa para abrirle espacio a Dios. Si le hacemos a alguien una pregunta cuando estamos llenos de respuestas, no podremos oír la respuesta, simplemente esperamos que dejen de hablar para poderles decir lo que pensamos. Si estamos llenos del mundo y tornamos a Dios, no habrá lugar para que Él interactúe con nosotros. Esa es la tarea que tenemos que cumplir, aprender a desocuparnos nosotros mismos.

Tenemos que evitar compararnos con otras personas, con otros niveles de riqueza, estatus fama. Las comparaciones se vuelven una carga, ya que le dan importancia a ciertas cosas mundanas. Cuando las permitimos perdemos el estatus, las emociones, los pensamientos; abandonamos nuestras buenas cualidades a la condición mundana. Si miramos a nuestro alrededor para contar lo que otras personas tienen y detallar lo que no tenemos, nos olvidamos de lo que poseemos, nos olvidamos de las bendiciones que hemos recibido. Cuando consideramos la fortuna de otras personas olvidamos la propia, de repente hay diferencias a tener en cuenta. Si nos fijamos en la fortuna mundana nos hemos perdido en nuestra preocupación por el estatus, por lo que el mundo tiene que dar, estamos inmersos en las pequeñas cosas que llenan nuestra copa. Y si está llena de pequeñas cosas sin importancia que ya no tenemos espacio para Dios.

Cuando nos envolvemos en pequeñas obsesiones no hay lugar para lo importante; si lo hacemos con el mundo no hay lugar para la verdadera majestad, ni para la grandeza real. Involucrarnos en cosas pequeñas nos empequeñece, pero Dios no es pequeño. Cuando juzgamos que lo que se nos ha dado es limitado, nos limitamos. Creamos nuestro estado con nuestras actitudes: si pensamos que no se nos ha dado suficiente, eso se convierte en nuestra realidad, en nuestra actitud y nuestro estado, pero Dios no vive en la insuficiencia, Él existe en una cornucopia de dar mientras nos envolvemos en velos de la insuficiencia que nos alejan de Él. Él no es el que nos empuja lejos, empujamos nosotros lejos con una incapacidad para aceptar su gracia, infinitamente disponible de Él, como nos limitamos totalidad de las cosas que pedimos. Se dan Millones de regalos, sin embargo, ninguno de ellos son satisfactorios, porque no son del tamaño adecuado, la forma correcta, el color correcto.

Tenemos que dejar de interferir con la gloria, con la gracia, dejar de pensar que sabemos lo que necesitamos y lo que queremos. Dios es quien sabe y lo que Él ofrece no sólo es suficiente sino glorioso; tenemos que aceptar la gloria de lo que Él nos entrega y regocijarnos en Él, ser felices con ella, ser amorosos al aceptar esa gloria. Debemos corregir nuestra actitud, para que el drama del mundo pierda importancia y nuestra capacidad de ir a un lugar de silencio se incremente. Tenemos que hacerlo porque esa alineación con él se produce allí y entonces la vibración y la resonancia de la verdad nos pueden tocar y afectarnos para bien.

Si estamos abrumados por la obsesión, por abrigar pensamientos que miden las cosas, por querer tenerlas, por sentir resentimiento contra ellas, participando cualidades que no son Suyas, nos hemos separado de Dios. Tenemos que ir al interior, ser menos cautivados por atracciones magnéticas, menos afectados por la fascinación hipnótica y la lentitud, menos tranquilos, lentos y sin permitir que perdamos interés en la comedia y en la tragedia. Debemos estar interesados en la gloria, en lo que Dios es, en lo que

Él tiene para ofrecer y lo que pone a nuestra disposición en el lugar en que nos encontremos.

Esta reunión se produce por estar muy inactivos, permitiéndonos en nuestras vidas momentos en un santuario fuera de lo común de absoluta quietud, de silencio con Él, lejos de lo pequeño y lo mezquino.

Nos conectamos con Él para estar en Su gloria, por Sus cualidades, por Sus palabras dadas a los profetas y a los amigos de Dios, los santos. A medida que nos alejamos del mundo y vamos hacia Él, nos escapamos de las obsesiones del mundo que ya no nos afectaran y entonces seremos libres para resonar con su vibración. Cuando esta nos alcanza sabemos que hay un lugar donde existe la verdad y comprobamos que podemos estar allí para conocer que es el amor.

Entonces sabremos la verdad del sustento y la misericordia, la verdad de la compasión y la bondad, de su grandeza y la generosidad de su espíritu, al entrar en ese lugar. Su generosidad se convierte en nuestra generosidad, su amor en nuestro amor, su espíritu en nuestro espíritu, su resonancia en nuestra resonancia, como una bendición para nosotros y para los demás. Ahora ya no estaremos aquí, Él está aquí porque nosotros le hemos permitido estar aquí. Esa es nuestra tarea, ¿Por qué nos reunimos? Para permitir que la santidad de su existencia se haga presente, que se sienta y se vea.

El aura de gracia en cada rostro emana Su resonancia cuando entramos en ese espacio juntos; nos reforzamos mutuamente, fortalecemos nuestro conocimiento y a los que son débiles, ya que ahora creen aquello de lo cual han sido testigos. La confianza de los que menos tienen se incrementa a medida que se dan cuenta de que no se trata de ellos sino de hacer espacio para Él, el Más Glorioso. La autoestima de los que tienen demasiada confianza se reduce a medida que se dan cuenta de que no se trata de la autoestima, sino de su gloria; cuando hacemos un lugar para esta realización, todo el mundo empieza reconociendo que somos una familia, somos una sola familia, la humanidad, una familia gloriosa en la unidad, de la dulzura, de la bondad, de la misericordia y la compasión. Sabemos que es posible, puede existir, y cuando tenemos este reconocimiento junto Seremos testigos de que existe, lo hemos sentido, hemos resonado con él, nos han convertido en parte de ella. Esto nos puede abrumar para que nos olvidamos de nosotros mismos y lo recordemos sólo a Él.

Todos atravesamos situaciones difíciles en nuestras vidas, con cada papel dramático que interpretamos. Entenderlo, darnos cuenta del tiempo que pasamos en ellos, lo obsesionados que estamos, como si fuéramos dramaturgos. Y sí, somos, de una manera muy real, los dramaturgos de nuestras vidas, escribimos nuestro propio guion y entonces esperamos a ver si resulta como queremos y

si no es así nos sentiremos molestos. Debemos dejar que sea Él quien nos redacte el guion y aprender a dirigirlo. Proponemos cosas, seguimos haciendo propuestas a pesar de que deberíamos sugerir menos y comprender más el flujo de las cosas, saber adónde nos lleva y estar en una aventura y no en un libreto o guion.

Tratamos de alinear el futuro, sin embargo, cuando no coincide con nuestras expectativas tenemos crisis de ansiedad, depresión o tristeza. Hay un flujo de cosas que debemos entender, sabe estar en ellas y saber ser parte de ellas. Debemos ser lo ágiles para seguir los giros y vueltas sin resentimiento, sin mirar atrás, sin pesar. Si vamos por la vida construyendo arrepentimientos lamentos, es bueno saber que el arrepentimiento no es una de las cualidades de Dios. Todo lo que no es una de sus cualidades, literalmente es desplazado por ellas.

Tenemos que empezar de nuevo cada día y hacerlo con la intención de estar en Su camino, permitiendo que Él nos guíe, y aceptando lo que suceda. Esto no significa que no trabajemos duro, ni que no tengamos que hacer un gran esfuerzo o estar muy ocupado con los resultados y no por los resultados sino preocupados por el esfuerzo. Solo Dios ha de decir: "¡Sé!" Y es. Lo que Él espera de nosotros es la acción y el esfuerzo correcto. Que nos demos cuenta que nuestras vidas tienen que ver con la intención, el esfuerzo, y la acción correctas. Las cosas salen como él quiere, no como nosotros creemos. Somos capaces de tener la intención, el esfuerzo y la acción que deben ser correctas, estar contentos por hacer las cosas de manera adecuada y ser menos apegados a los resultados.

Que Dios haga fuerte y duradera nuestra fe para que nuestro contentamiento.

CAPITULO TREINTAYUNO

En lo que nos convertimos depende de qué reglas elegimos aplicar. Si optamos por la permanencia, Dios, Su esencia, necesitamos saber Sus leyes, Sus reglas, y aplicarlas a nuestro ser.
La única forma en que podemos luchar contra el impulso del mundo es mediante el uso de las herramientas que nos ha dado, para cambiarnos a nosotros mismos, herramientas que debemos descubrir.

CAPITULO TREINTA Y UNO

Las Reglas del Mundo y las Reglas de Dios

De acuerdo con una ley básica de la física, un cuerpo en movimiento tiende a permanecer en movimiento y un cuerpo en reposo tiende a permanecer en reposo. Esto significa que tenemos que aprender, por un lado, cómo parar cuando estamos en movimiento y, por otro lado, cómo movernos cuando estamos en reposo; es decir, hemos de luchar contra ciertas leyes definidas físicamente, contra nuestro propio impulso cuando estemos en movimiento e iniciar el impulso cuando estemos quietos. Esto implica un intercambio sin fin de un tipo de energía a otro.

Cuando somos lanzados al mundo como un niño, todo nos empuja y tira a nosotros; todo lo que así nos afecta, la atracción hipnótica, del mundo magnético, se acumula a lo largo de los años, y nos lleva a diversas situaciones y lugares.

En medio de todo este movimiento algunas personas no se dan cuenta de que a pesar de que parecen estar marchando hacia algún lugar, dirección o destino, ese impulso no es realmente un movimiento, sino algo más. Esta observación afecta a diferentes personas de distintas maneras.

Algunos insisten en responder que realmente se están moviendo. Otros vislumbrar la verdad de esa observación, pero no están dispuestos a aceptar la dificultad que tienen de cambiar su impulso. No pueden apagar la energía para cambiar, se retiran en la forma en que estaban. Y otros tratan de descubrir si tienen frenos que puedan utilizar.

Los que comienzan a disminuir, lo hacen por diferentes razones. Pocos tienen la capacidad de evaluar la naturaleza de la vida que han estado viviendo, su naturaleza profundamente absurda que les ha atrapado y de alguna manera se dan cuenta que no tiene sentido. Reconocen que todo lo que les han dicho, todo lo que han creído y utilizan como su idea de aceptabilidad, no parece verdadera. Observan cómo la gente rápida está moviéndose ejecutando las reglas a medida que dejan caer la batuta mientras corren, fingiendo que no se ha caído. Ellos acumulan reglas y proclamas que no tienen ningún sentido, sin embargo, esto es lo que la sociedad considera como normal. Esta vida no es acerca de lo que es normal, se trata de lo que es verdad, lo que es real. Normal y reales no tienen el mismo significado o las mismas implicaciones. Si queremos saber lo que es real, tenemos que examinar lo que no es real, tenemos que preguntarnos qué es verdaderamente importante y lo que no lo es. Hemos pasado mucho tiempo en cosas sin importancia que tenemos que mirar la realidad de una manera diferente, de manera que requiere un profundo compromiso y nuevas prioridades. Si tuviéramos que dar razón de nuestra existencia en la tierra hoy en día, ¿cómo podríamos describir las cosas que son realmente importantes?

Tenemos que descubrir lo que ha sido realmente importante, lo que ha sobrevivido en nuestros bancos de memoria como momentos de verdadera existencia y sacarlos, mirarlos cuidadosamente, de cerca, tratando de averiguar por qué ciertas cosas parecían importante y otras no; lo que nos dio coraje, entusiasmó, ánimo para continuar. ¿Qué nos hizo sentir tranquilos, serenos, a gusto con nosotros mismos y nuestro entorno, o ansiosos llevándonos a situaciones incómodas, ¿qué nos alejaba de la paz y de la alegría?

Nuestras vidas son todas diferentes; hemos nacido en lugares diversos, tenemos diferentes padres, somos levantados en diferentes formas, fuimos a diferentes escuelas, hemos tenido diferentes experiencias como adolescentes, como adultos. Sin embargo, tuvimos momentos incómodos y tiempos pacíficos. Las cosas que hacen que la gente se sienta incómoda son variadas; hay una serie de situaciones para cada persona que le llegan a incomodar. Cosas que dan satisfacción y cosas que dan la paz, que son sorprendentemente similares. Hay tanta similitud en esa paz que nos debe despertar a cierta comprensión, necesaria para establecerla como un pilar de nuestras vidas.

Si utilizamos estos pilares como rocas, como los escalones de nuestra existencia, comenzaremos a entender lo que son y a alejarnos de las que no son fundamentales, que son extrañas, que nos alejan de un estado de paz.

¿Qué nos ha dado la paz, que nos ha traído alegría y nos hecho sentir unidos con nuestro entorno? Tenemos momentos en los que no existen ciertas cosas, no existen rencores ni descontentos cuando no existe la arrogancia, ni la ira ni el sentido de las diferencias. Qué existe en los momentos de paz? La unidad, el amor, la igualdad y la tolerancia existen. Estamos rodeados de cualidades específicas cuando las cosas son pacíficas.

Necesitamos este entendimiento, podemos estar en paz con o sin dinero y tranquilos con o sin juguetes ni accesorios extravagantes. Si pensamos que no podemos estar en paz sin ellos, tenemos que preguntarnos por qué nos hacen sentir pacíficos, y analizar entonces si realmente es la paz o simplemente una pausa entre ansiedades. Esto alcanza para y conseguir lo que queremos no es más que una pausa entre una ansiedad y el siguiente, una muy breve pausa. Si estamos buscando pausas en la ansiedad en lugar de la verdadera paz que podemos tener eso. Pero no hay paz real y duradera sin entender realmente las cualidades de la misma.

Alcanzar eso y conseguir lo que queremos no es más que una pausa entre una ansiedad y la siguiente, con una pausa muy breve. Si estamos buscando pausas en la ansiedad, en lugar de hacerlo en la verdadera paz, podemos tener eso. Pero no hay paz real y duradera sin entender realmente las cualidades de la misma.

A veces no la entendemos porque no la queremos, ya que estamos satisfechos con la posición, el estado, con la separación y las diferencias que nos separan de los demás. Debemos examinar la raíz de esto, examinar si lo que tenemos es la verdadera paz o una ilusión recurrente de satisfacción, un sentimiento derivado de la sensación de estar un paso adelante de nuestros competidores. Cuando llega la noche en un campo de batalla, tratamos de evadir al enemigo, y tenemos una sensación de satisfacción de corta duración, pero todo comienza de nuevo a la mañana siguiente. Cuando nos sentamos a la cabecera de la mesa no hay otro lugar para ir, cuando lleguemos a la cima de una colina tampoco. Si necesitamos otro sitio para ir nos resulta difícil, difícil de encontrar maneras de satisfacer esa necesidad sin sentir ansiedad.

En algunos coros de las iglesias hay turnos para ser el cantante principal, todos ellos cómodos como cabezas del coro, un ejemplo maravilloso de la vida. Esa es la habilidad de hacer lo que se espera de nosotros en el momento indicado y estar satisfechos con lo que se nos pide hacer.

Si se nos pide que lideremos el coro, lo hacemos, si se nos pide estar en él como integrantes que cantamos en el coro. Si lo primero todavía somos parte del coro. No hay diferencias, sólo las apariencias. El coro completo es el que hace la música; lo individual es sólo la apariencia; cuando estamos atrapados por la individuación o en un mundo de separación, que la verdad existe fuera de la verdad. Esta separación, autoimpuesta, es el resultado de nuestra incapacidad para reconocer la unidad por lo cual elegimos vernos a nosotros mismos como separados.

Algo que lleva a la paz es la ausencia de motivos en el ego. Cuando estudiamos las veces en que hemos estado tranquilos en nuestras vidas, nos damos cuenta de que fueron momentos en los que no necesitábamos esforzarnos, porque no era necesario; nos sentíamos satisfechos con el lugar donde estábamos y lo que nos rodeaba. Esta fue la alegría, no había necesidad de mirar lo que otros estaban haciendo ni cuál era su estado; el tipo de paz que se produce con mayor frecuencia es en una situación de amor. Una separación que debemos entender es la familia, la tribu y la nación no tienen prioridad sobre el resto de la humanidad, porque compartimos nuestra humanidad con todo el mundo.

Esta es una manera de ver las cosas, de reconocer que cada uno de nosotros funciona con una combinación de conceptos, actitudes y entendimiento. Una vez que centramos la forma de comprender y ver las cosas y nuestras actitudes, podemos pasar a un estado paz y alegría, la única forma de llegar a la entrada a la realidad que está abierta, pero necesitamos paciencia para que se nos permita el ingreso. Nosotros no decidimos cuándo entrar, porque es el tiempo de Dios, no el nuestro. La capacidad para reconocer la diferencia entre el tiempo de Dios y el nuestro es parte de ser pacíficos. Incluso si llegamos a un estado que entienda la verdad, nuestras circunstancias pueden hacernos imposible entrar; hay que tener paciencia, saber esperar; desarrollar la paciencia es un paso más en este camino. Hay muchos pasos y si los miramos de cerca, vemos que todos conducen a la paz, a la alegría, a un cambio del momento.

Tenemos que usar las herramientas que son las cualidades de Dios, que nos ha dado Dios, para cambiar nuestro momentum.

Las leyes de la física podrían definir el mundo físico, pero no definen a Dios; Sus cualidades no pueden ser explicadas ni identificadas por ellas. Para entrar en la realidad tenemos que actuar en contra de esas definiciones, en contra de las leyes del mundo porque ahora hemos entrado en el reino de Dios con Sus leyes, en otro estado del ser, otro estado acción. Aquí tenemos un nuevo conjunto de reglas que hemos aceptado para hacer parte de nosotros y que tenemos que incorporar a nuestra vida. Si no lo hacemos, si vivimos con las leyes de la física y las reglas del mundo, terminaremos con lo que este tiene para darnos. El camino del mundo es la muerte y el renacimiento.

Las cosas cambian, encontramos la continua destrucción en este mundo. Las reglas de Dios se aplican a lo permanente, las del mundo a las manifestaciones temporales, pero que son a la vez, somos una combinación del cuerpo temporal y el alma permanente. Lo que hacemos depende de cuales reglas elegimos aplicar. Si optamos por la permanencia, Dios, su esencia, necesitamos saber sus leyes, sus reglas, y aplicarlas a nuestro estado de ser. La única forma de luchar contra el impulso del mundo es mediante el uso de las herramientas que nos ha dado, herramientas dadas para cambiarnos y que debemos descubrir.

Debemos buscar a alguien que conozca las herramientas y nos enseñe cómo usarlas. Si queremos carpinteros debemos aprender a utilizar las herramientas de la carpintería; si queremos ser fontaneros las de la plomería y las de la sabiduría de todo lo que hacemos en el mundo, siendo aprendices de alguien que pueda mostrarnos donde se pueden encontrar y cómo usarlas. De la misma manera encontrar a alguien que nos enseñe las cualidades de Dios. Entonces nuestra existencia estará lleno de momentos de alegría, de paz y de satisfacción. La creación en si misma está siempre en un estado de perfección; sólo es nuestra incapacidad para permanecer dentro de la perfección la que nos mantiene alejados No estamos destinados a estar separados, se nos ha dado el método y las herramientas para ser unificarnos con esa perfección. Convertirse en las cualidades de Dios es el camino perfecto hacia Él.

Los profetas, los santos, los seres sagrados y los amigos de Dios nos han sido enviados; las religiones también, todos ellos son manuales de instrucciones. Y son por supuesto también los libros divinos, son excelentes manuales de plenos de instrucciones para la búsqueda de la paz y la verdad. Debemos incorporar sus enseñanzas a nuestras vidas.

Que Dios comience este proceso en todos y en cada uno de nosotros.

CAPITULO TREINTA Y DOS

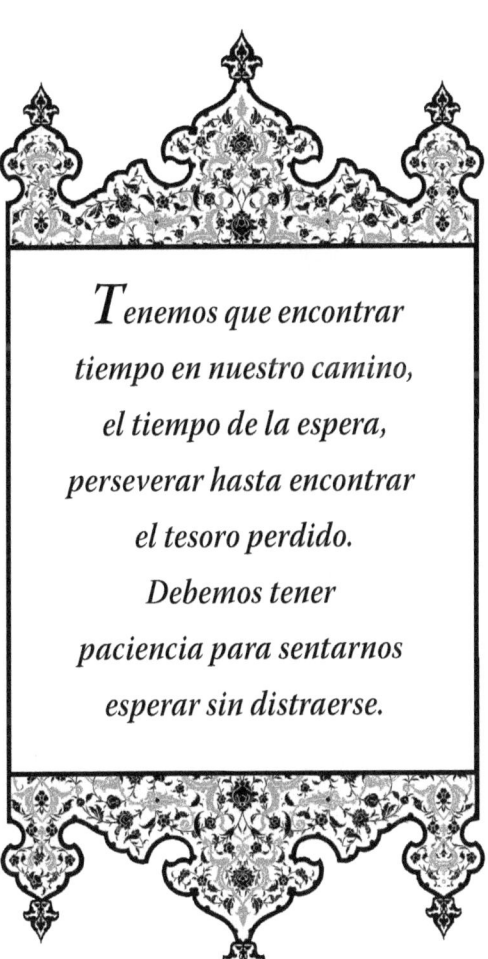

Tenemos que encontrar tiempo en nuestro camino, el tiempo de la espera, perseverar hasta encontrar el tesoro perdido. Debemos tener paciencia para sentarnos esperar sin distraerse.

CAPITULO TREINTA Y DOS

Paciencia en el Aprendizaje

La historia de Abraham en el Libro del Génesis narra que él estaba sentado en su tienda y esperó, no dice cuánto tiempo, sino simplemente que se sentó y esperó. Luego, tres ángeles aparecieron - no sabemos cuánto tiempo los esperó- pero sabemos que después de algún tiempo llegaron los ángeles.

Entendamos la constancia, la determinación; no debemos andar en busca de milagros, sino aprender a ser pacientes, una práctica que nos lleva a la puerta de los milagros. El trabajo que tenemos que hacer ocupa diferentes ámbitos; el primero es lidiar con el ego y el segundo es la acción correcta una vez que lo hemos controlado, el tercero es la adquisición de la paciencia para hallar la conexión con Dios, para estar en un lugar hasta que ese estado llegue. Estos pasos son difíciles, cada uno toma su tiempo y esfuerzo para lograr hacer la conexión y permanecer allí con la determinación de que la relación está disponible. Esto es todo lo que el buscador necesita

Tenemos que encontrar tiempo en nuestro camino, para dedicarlo a la espera y perseverar hasta encontrar el tesoro perdido. Debemos tener la paciencia para sentarnos y esperar sin distraernos. Cuando no logramos resultados inmediatos nos distraemos, estamos hipnotizados por algún pensamiento pasajero que perseguir. Debemos saber que podemos perder nuestro rumbo y movernos en diferentes direcciones, y enseguida, si conocemos la dirección correcta, podemos verificar si estamos perdidos. A veces, si somos conscientes del lugar donde se supone que debemos estar, sabemos que el camino correcto no está cerca.

En otras oportunidades, cuando el camino no está cerca, podemos quedarnos lejos por mucho tiempo sin darnos cuenta. Los buscadores llaman a esto el estado de sueño; si estamos dormidos o despiertos estamos dormidos en ambos estados, hemos perdido el camino interior, entonces lo que pasa por fuera no tiene relevancia para lo que pasa por dentro.

Cuando nos reunimos para hablar de estas cosas tenemos que dejar de lado el mundo que llevamos con nosotros, esa acumulación de experiencias mundanas. Tenemos que participar en el mismo tipo de ejercicio, el ejercicio de dejar ir, de no aferrarse a nada. Con este dejarse llevar, de llegar a estar disponibles en el momento, estamos sin nuestra presión habitual, sin la preocupación por lo que está a punto de suceder ni por lo que acaba de ocurrir. La ansiedad sobre el pasado y el futuro se habrá ido de nosotros porque estamos aquí y ahora. Este es el único lugar donde podemos encontrarnos cuando no estamos apegados a nuestros pensamientos. También habrá ocasiones cuando nos podemos sentar, pero tenemos tantas fuerzas interiores que nos empujar, halan, nos empujan y terminamos siguiendo cualquiera de esas fuerzas.

Si pudiéramos aprender a sentarnos y ver lo que nos está arrastrando alrededor y ver lo que nos está tirando, habría algún cambio en la naturaleza de nuestra relación con aquellas partes de nosotros que nos empujan en direcciones que no necesariamente queremos tomar. Entender que hay partes de nosotros que quieren llevarnos a lugares donde no debemos ir, lanzarnos a lugares prohibidos buscando controlar nuestras vidas.

Este conflicto sigue ocurriendo internamente, razón por la cual tenemos dos ángeles, uno en cada hombro, escribiendo lo que hacemos bien y lo que hacemos mal. También tenemos los ángeles de la guarda que nos ayudan tratando de aclarar las cosas para nosotros, para que tomemos la dirección correcta. Muchos de nosotros nos negamos a ser regidos por ellos y a que nos ayuden porque creemos en nuestra propia santidad, somos santurrones aunque el auto no tiene nada justo sobre él. Mientras seamos farisaicos estaremos automáticamente en la ilusión de la arrogancia, motivo original de nuestra separación del Creador. Esta arrogancia es la separación que piensa de sí mismo como un todo, capaz, perfecto Nada está separado, todo lo que somos, todo lo que vemos se deriva de otra cosa. Somos seres derivados, derivados de una forma similar.

La similitud de nuestra derivación es bastante abrumadora cuando lo contemplamos, pero queremos aferrarnos a nuestra propia singularidad, esa pequeña cosa que parece un poco diferente que es todo lo que vemos, en lo que nos centramos, en lo que miramos. El mundo actúa sobre la base de estas pequeñas diferencias, como si las diferencias fueran la realidad, no la igualdad, la unidad de toda la creación.

Esta separación de los demás, este enfoque en las pequeñas cosas que parecen diferentes, causa muchos problemas en el mundo. La incapacidad de ver nuestra mismidad, nuestra unidad, la belleza en cada uno de nosotros nos divide en castas, razas, colores, religiones, países e idiomas. Creemos que esas diferencias son reales, pero nos fueron dadas por Dios para hacernos ver nuestra mismidad, para mostrarnos que no son la realidad, no son importantes. Una vez que reconocemos que estas diferencias no existen realmente, podemos examinar la verdad de nuestra existencia.

Mientras examinamos la verdad de nuestra existencia estamos más cerca de Dios, nos damos cuenta de que todas las cosas positivas que suceden fluyen de Él a través de los que se han liberado a sí mismos del mundo. Cuando eso sucede, comenzamos a ver la igualdad. Si alguien es amable con nosotros, qué importa como luce su cara? El gesto de amabilidad, la mano extendida sin importar la religión, el color, el país, el idioma, todavía es la bondad. Una vez que lo vemos así comenzamos a cambiar. Cuando nos convertimos en esa mano que se extiende con amabilidad, sin razón aparente, útil en el mundo, estamos permitiendo que Dios actúe a través de nosotros. Al hacerlo que Él sabremos que tenemos a Dios dentro de nosotros, estaremos conscientes de ello. Esta toma de conciencia es un cambio de consciencia, un cambio de estado.

A medida que tratamos con el ego empezamos a actuar de

manera adecuada, con la resolución de permanecer apropiados y cerca de Él, para actuar positivamente y con fuerza. Nos comportamos así para que esta conciencia se desarrolle dentro de nosotros. La forma más rápida de hacerlo es con la oración. ¿Qué es la oración? Cada acto de bondad es la oración, todo acto en su nombre es la oración, hablar directamente con Él es la oración, las oraciones prescritas son la oración, recitar el recuerdo de Dios una y otra vez es la oración; hay muchos tipos de oración. Debemos tener en cuenta el tiempo que logramos permanecer en un estado de oración y saber lo que nos aleja de él.

Que imán nos atrae de esta conciencia a una condición más baja instigados por el mundo, tratando con el mundo, preocupados por el mundo, satisfechos con el mundo, insatisfechos con el mundo, felices con el mundo, tristes por el mundo, riéndonos del mundo, llorando sobre el mundo? ¿O estamos en un estado de compasión y misericordia, de comprensión de las dificultades de las personas en este mundo y dispuestos a ayudarlos? Esta es nuestra alternativa.

Una descripción de lo que ocurre internamente cuando hacemos esa elección es difícil de poner en palabras. Abraham estaba sentado, esto es lo que dice la Biblia, Abraham estaba sentado. Él no estaba preocupado con el mundo, no participaba del mundo. Este estado implica la inactividad en el mundo y la actividad en el reino de la verdad. Debemos aprender cómo alterar nuestra actividad. . ¿Estamos activos en el mundo o activos en la verdad, estamos activos en la ilusión o en la realidad? ¿Sabemos lo que es ilusión? ¿Sabemos qué es la realidad? ¿Adoptamos la máscara de la sonrisa, la máscara de un ceño fruncido, o nos involucramos con la verdad? ¿Permitimos la alabanza y la culpa, el tira y afloja del mundo? Si valoramos una cara de la moneda también lo hacemos con la otra? Sí estamos apegados a un lado significa que tratamos de evitar el otro, que no se detiene. O nos involucramos con el mundo o no lo hacemos.

Nunca debemos pensar que no podemos ser perfeccionados. Hay veces en el día cuando nos resbalamos y caemos, pero tenemos que levantarnos. Es importante aprender a perder porque cualquiera puede ser un buen ganador. Si nos quedamos en un estado elevado de conciencia sería fácil para nosotros, pero no lo hacemos, y caer por debajo de ese estado superior se considera una pérdida. Solo cuando entramos en un estado permanente, nos alejamos de los altibajos, pero tenemos que reconocer cuando estamos en un lugar donde nuestros cambios de estado y se mueve alrededor. A veces estamos allí, a veces no; en estos estados cambiantes debemos tener perseverancia y estar determinados a abandonar el lugar no apropiado hasta que volvamos al lugar correcto. Esto significa fe absoluta, significa fe, certeza y determinación, como marco de la celebración de todo ello. Este es nuestro esfuerzo, lo que tenemos que hacer centrados en esto conscientemente.

Cuando lo hacemos, las recompensas se reciben en otro nivel, y son notables en nuestra paz, en nuestra satisfacción, en nuestro estado de amor. Cuando ese estado de amor despierta dentro de nosotros alcanzamos la paz interiormente, la paz con nuestro entorno, paz con el mundo. Así vemos la perfección existente en la realidad de cada momento. Sólo cuando permanecemos fuera de la verdad y la realidad exterior lo hacen no somos capaces de ver la perfección que siempre está presente.

Que esta perfección sea nuestra realidad.

CAPITULO TREINTA Y TRES

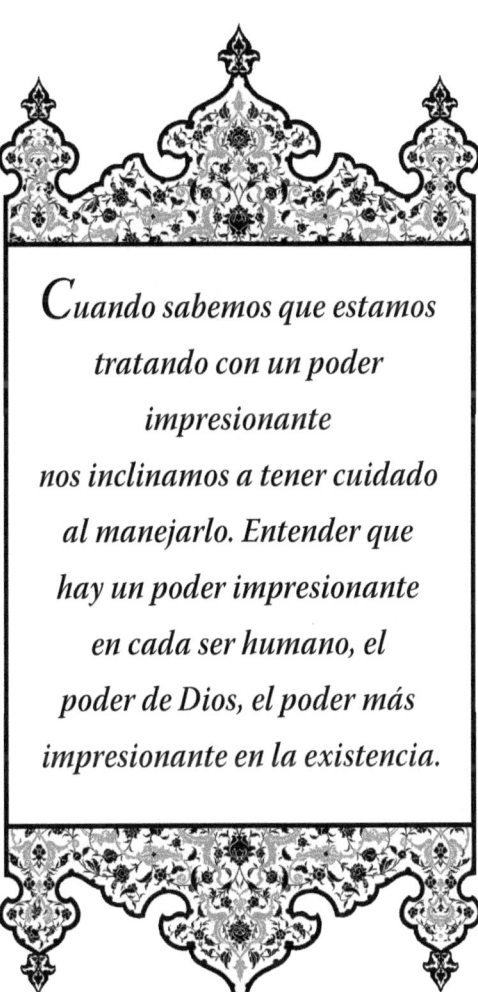

Cuando sabemos que estamos tratando con un poder impresionante nos inclinamos a tener cuidado al manejarlo. Entender que hay un poder impresionante en cada ser humano, el poder de Dios, el poder más impresionante en la existencia.

CAPITULO TREINTA Y TRES

Las Consecuencias

La comprensión de las consecuencias cambia nuestro comportamiento. Sabemos que si ponemos nuestra mano en el fuego es doloroso, por lo que la gente no lo hace porque entiende las consecuencias. Cuando el fuego no estaba fácilmente disponible y era difícil iniciarlo, la gente era cuidadosa con él, sabiendo que si se apagaba, sería difícil volver a encenderlo. Algunos entienden las consecuencias y algunos no, algunos saben que ciertas cosas deben ser protegidas, para que estén disponibles, otros no lo entienden.

Entrar en el reino de la santidad significa entender sus consecuencias. Comprender entender que hay cosas que no pueden ser tratados sin cuidado, que debemos tener reverencia por ciertas cosas. Esto es parte de la comprensión de lo que estamos tratando, la comprensión de su poder y las consecuencias si no lo hacemos adecuadamente. Por ejemplo, se supone que debemos tratar a los demás de una manera determinada, con cortesía, con respeto, sin embargo, este comportamiento adecuado se ha perdido porque hemos entendido mal u olvidado las consecuencias de no tratar a los demás seres humanos de manera adecuada.

Cuando sabemos que se trata de un poder impresionante nos inclinamos a tener cuidado en el manejo del mismo. Entender que hay un poder impresionante en cada ser humano, el poder de Dios, el poder impresionante en la existencia. Las consecuencias de la frivolidad con este poder son enormes; cuando no nos damos cuenta seguimos sin importancia, al mismo tiempo que, sin saberlo, damos un paso en terreno peligroso y lejos de la reverencia. Si jugar con cosas que no comprendemos, con esa autoridad suprema, con su naturaleza impresionante, significa que no hemos comprendido a reverenciarla. La arrogancia nos permite jugar con ese poder.

Cuando observamos los seres sabios y santificados que están llenos de majestad y tan humildes acerca de sí mismos, nos preguntamos cómo es posible. Ellos son como son, majestuosos y humildes, porque entienden la naturaleza magnífica de su Creador. La sociedad ha perdido su capacidad de asombro, de reverencia, se tratan sin cuidado cosas que no deben ser manejadas a la ligera. Las naciones se protegen en relación con su deber de reverenciar a Dios, a tal punto que estampan la frase "In God We Trust" en el dinero, como una protección para este país, que también incluye la sentencia "Una nación bajo Dios" en el Juramento a la Bandera

Cuando la reverencia por la persona cancela la reverencia debida a Dios, significa que, como sociedad, el individuo se ha vuelto más importante que la salutación por lo maravilloso, por Dios. Cuando perdemos el contacto con ese respeto a nivel social perdemos el contacto en términos de las relaciones individuales. Una vez que nos comportamos con arrogancia con nuestro Señor, nos volvemos arrogantes entre nosotros. Si perdemos nuestro reconocimiento de la magnificencia de la creación, en todos los niveles, para que no se convierte en parte de lo que somos, la reverencia sustituye a la reverencia, la falta de respeto reemplaza la admiración

Cuando la arrogancia reemplaza el carácter moral que la unifica la civilización se desmorona y la reverencia desaparece. ¿Por qué existen las buenas relaciones entre las personas? Al menos en parte debido a la reverencia que los unos dispensan a los otros, a la comprensión que algunos tienen de la naturaleza sagrada de la vida y a su conexión con nuestro Creador. Una vez que perdemos el conocimiento de esa conexión con el Creador la vida ya no tiene un carácter sagrado. Algunos dicen que venimos de la tierra, pero no de la tierra tocada por el Creador, negando el alma, colocada en nosotros por el Creador. Otros s aseguran que venimos de la tierra que produjo, accidentalmente, una célula sin ninguna intervención de lo Divino. Esa actitud cambia la naturaleza del ser humano; un verdadero ser humano está en contacto con la realidad, reverente, en contacto con su relación con lo sagrado.

Los que se pierden han perdido su relación con lo sagrado. La gente en las sociedades religiosas que dice tener relación con lo sagrado puede perderla con tanta facilidad como la que no pertenece a esas sociedades sagradas. Si las personas no pueden seguir siendo discretas, humildes, la pierden, porque una relación sagrada implica fundirse en algo más grande que uno mismo, no al revés.

Si el sometimiento a lo sagrado se pierde, perdemos lo sagrado; algo íntimamente conectado para rendirnos, la capacidad de reverenciar, de caminar con cuidado ya que entendemos la naturaleza sagrada de nuestro entorno, la capacidad vivir con la gratitud necesaria en el mundo que nos ha dado nuestro Creador. Cuando nos colman con regalos podemos tener diferentes reacciones, sentir mucha gratitud, o ser tan arrogantes como para pensar que así tiene que ser, que lo merecemos, que somos seres extraordinarios. Si esa es nuestra manera de pensar, perdemos todo sentido de gratitud, de la forma de reverencia que entiende que somos destinatarios. Un feto no puede sobrevivir sin el sustento permanente. Para algunos de nosotros, una vez que se corta el cordón umbilical crecemos para creer que ya no estamos apegados a nada, y que no necesitamos que nos provean en la misma forma. Si miramos el simbolismo de esa idea vemos que desde el principio de nuestra existencia, estamos unidos a alguien que nos alimenta, nos mantiene y nos sostiene. Cuando ese vínculo se corta, qué pensamos que estaremos menos apegados a una fuente de alimentación? Las cosas no son como parecen ser; simplemente porque no podamos ver algo no significa que no esté ahí, las cosas existen más allá de lo que vemos.

Éramos dependientes en el estado fetal, ahora creemos que ya no lo somos, pero esa es sólo la forma como parece ser. Nuestra dependencia ahora no es diferente, continúa. Si cortamos la conexión como adultos, las consecuencias son las mismas, ya que así como la del feto es nuestra conexión con el Creador y lo que hemos cortado es nuestra fe., perdiendo así nuestro apego a lo que nos sostiene, nos nutre, nos mantiene y suministra lo que necesitamos. Cuando nuestra reverencia se pierde en la arrogancia, cuando pensamos que ya no tenemos que ser apoyados, protegidos, que no necesitamos los materiales de subsistencia porque estamos actuando por nuestra cuenta; entonces entramos en la ilusión.

Esta errónea interpretación de nuestra existencia, esta falta de entender por qué estamos aquí, cómo hemos llegado aquí, quien nos sostiene, indica la falta de comprensión de las consecuencias. Cuando perdemos la capacidad de entender de donde procede nuestro sustento, perdemos la capacidad de ver qué nos sostiene, cual es la fuente de nuestra existencia. Fuimos creados para vivir con las cualidades de Dios, con el amor, la compasión, la tolerancia, la paciencia, pero ahora creemos que somos para nosotros mismos, y debemos propiciar nuestra propia obsesión por nosotros mismos y que existimos para magnificarla.. Esta dislocación puede ocurrir a cualquier nivel, del individuo, la familia, la tribu, la ciudad, el estado, el país, es decir que puede expandirse para incluir todo. Grupos de individuos pueden actuar como cualquier persona que ha perdido su camino y al igual que los individuos arruinar sus vidas; países enteros pueden arruinar su existencia y las consecuencias se harán evidentes.

Si nuestras reflexiones se centran constantemente en el exterior, perdemos el contacto con la realidad y la verdad interior se reemplaza con lo que es exteriormente aparente. Algunos que dicen trabajar para el bien, en el mundo, son adictos a las drogas, al alcohol, son personas abusivas e intolerantes sin embargo, dicen que trabajan por el bienestar del mundo. Las manifestaciones por la paz suelen convertirse en violentas si no existe un control individual, si la causa es tan transcendental que la responsabilidad individual no es importante. Una vez que perdemos la responsabilidad individual, perdemos el contacto con la realidad; cuando nos tomamos la libertad de ciertas cosas para el bien de otras perdemos el contacto con la realidad.

Tenemos que enfocarnos en nuestras acciones con claridad acerca de ellas, para ser también claros en nuestras relaciones con el mundo. Cuando la tenemos podemos ser claros con los demás; cuando vemos la santidad dentro de nosotros, entendemos la de los demás. Si no apreciamos la santidad de otros nunca entenderemos la nuestra y llegará en cambio la arrogancia, y la reverencia no a Dios sino auto-reverencia. Esta es la razón por la cual la humildad y la necesidad de ser pequeños, son parte integral del camino espiritual. Sin la humildad nos encontramos con la humillación de nuestro fracaso en la realidad. Si no comprendemos estas cosas sutiles, abrimos la puerta a una conducta inaceptable, incluso en en las comunidades espirituales donde la conducta incorrecta surge en otros lugares con personas que necesitan darse estatus, para mejorar su propio sentido de importancia. Cuando no podemos ser pequeños, y permanecer así, perdemos el contacto con la realidad. Hay suficiente espacio para cada uno de nosotros dentro de la realidad, pero la puerta de entrada es pequeña, luego tenemos que ser pequeños para poder cruzarla.

Jesús habló acerca de pasar por el ojo de una aguja. Esto no tiene nada que ver con las posesiones sino con el tamaño; a menos que seamos pequeños no podremos entrar por el ojo de una aguja, a menos que seamos humildes no podremos pasar por la ilusión. La única forma de esquivar de la ilusión es siendo discretos, insignificantes. Mientras nos creamos importantes la ilusión se sostendrá en nosotros, nos va a alabar a recompensar y nos concederá favores; si los aceptamos como si fuéramos dignos de ellos y diferentes a los demás, viviremos en la ilusión que nos permitirá sentirnos cómodos, pero esa será la falsa comodidad de la ilusión.

La comodidad disponible en la realidad es diferente a la comodidad de la ilusión; la paz en la realidad es diferente de la paz en la ilusión. Cuando tocamos ese inmenso tesoro de la realidad entendemos la consecuencia de vivir en la ilusión, la consecuencia es ser incapaz de tocar el tesoro. Una vez que sabemos que el tesoro que queremos volver a ella, entendemos que no es otra cosa que vale la pena, entonces tenemos que dirigir correctamente sin dejar que las opiniones y peso del mundo guardarnos de ella. No necesitamos de encajar o ser como los demás, no necesitamos las recompensas de ilusión porque entendemos que es la verdad que nos hace diferentes. Somos diferentes porque vivimos en otro lugar, en un lugar diferente, un lugar donde siempre nos recuerda que nuestra comprensión nos da algo más allá de la ilusión.

Que Dios nos sostenga en ese lugar y nos muestre su alegría. Que nuestra fe sea lo suficientemente fuerte para guardarnos de todo lo que nos aleja de la realidad, de nuestro verdadero hogar con Él.

CAPITULO TREINTA Y CUATRO

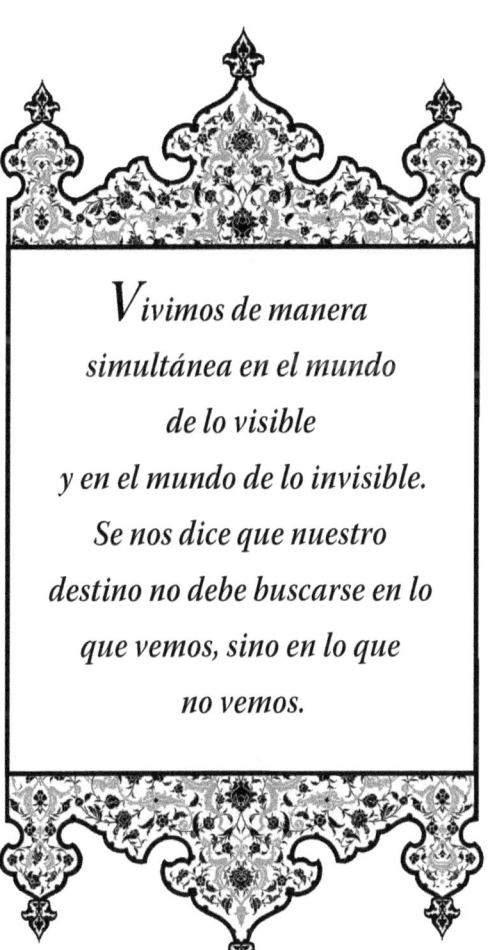

Vivimos de manera simultánea en el mundo de lo visible y en el mundo de lo invisible. Se nos dice que nuestro destino no debe buscarse en lo que vemos, sino en lo que no vemos.

CAPITULO TREINTA Y CUATRO

Importancia y Falta de Importancia

En este mundo vivimos en la dualidad, reaccionando a todo y al mismo tiempo hemos de tener una conciencia de Dios, para entender lo inefable, lo que no podemos ver, ni oír y poder estar más allá de la percepción. Vivimos también en el mundo de lo visible y el mundo de lo invisible. Se nos dice que nuestro destino no debe buscarse en lo que vemos, sino en lo que no vemos. Esto nos causa gran dificultad, se nos dan nuestros sentidos que hacen todo lo que tocamos, oímos, vemos y oler fácilmente disponible, pero nada de eso es real. Lo real es algo que no podemos ver, no se puede tocar, ni oír, ni degustar.

Este es un dilema que implica el aprendizaje de una nueva forma de percibir, que parece muy poco natural hasta que comenzamos a hacerlo. Infortunadamente, debido a que muchos no pueden imaginar que puedan percibir lo imperceptible, se dan por vencidos. Esto ocurre también en la religión; en vez de adorar a Dios, que no puede ser visto, que no se puede escuchar o describir, las personas reaccionan de diferentes maneras. Podrían crear ídolos para ver en ellos lo que creen, o pueden hacer de la religión en sí misma un ídolo, más difícil de entender.

Cuando eso ocurre hacen de su religión lo más importante en el mundo, al igual que su ritual y les hacen creer a los demás que su religió es la más importante. En esa forma las religiones crean conflictos en el mundo. Al hacer de la religión en sí misma tan importante, que renuncian a la verdad de lo que es la religión, a la relación con Dios, y con nuestra relación con lo que no podemos ver.

Sin embargo, ya que se pueden ver aspectos de la religión, su poder puede ser visto, ver, el número de seguidores puede verse; ellos lo entienden y vuelven importantes estas cosas.

El poder de una religión se vuelve importante, el poder de la iglesia, la sinagoga o la mezquita, el poder de sus propios nombres: Cristianismo, Judaísmo, Islam, se hace magnifica a pesar de que los nombres, son los menos importante. Gran parte de lo que se habla acerca de estas organizaciones no es lo que los profetas, los santos y los amigos de Dios expresaron. Los que dirigen las religiones del mundo de hoy no son profetas, no son santos, y muchos de ellos no son amigos de Dios. No son más que los hombres afectados por todos los aspectos inferiores de la condición humana. Su posición de autoridad religiosa significa que lo que les afecta incluye también a lo que tienen autoridad sobre ellas. Las religiones se convierten en parte del problema, no parte de la solución.

Tenemos que entender dónde radica la solución y buscar la verdad. Así como nos alejamos de lo que es falso en el mundo, debemos tener el valor de quitar de nosotros lo que no es falso en la religión. Entender la diferencia, no negarnos lo que depara el mundo sagrado. Cuando vemos un movimiento religioso involucrarse demasiado en la política, con el poder mundano, cuando políticos agitan las banderas de la religión entendamos que son hombres y mujeres del mundo, pero no del mundo invisible.

Debemos huir de eso y encontrar un lugar para estar en comunión con lo sagrado de nuestras vidas. Mientras vivimos el día a día, hallamos personas que entienden lo sagrado y personas que no lo hacen; sin embargo, en cada situación debemos acudir a nuestra comprensión. Ver las cosas en la manera mundana y también en nuestra manera.

A nivel individual, nuestra base de poder y la necesidad de energía se derivan de nuestro ego. ¿Cuánto tiempo pasamos vistiendo y apoyando a nuestro ego? Dentro de nuestra cabeza, en ese océano que llamamos ilusión, tenemos una imagen nuestra.

Nos pasamos la vida acicalándonos, perfumándonos, haciéndonos felices e importantes. Devenimos en nuestro propio proceso político para relacionarnos entre nosotros y con nuestros semejantes más fácilmente y ponernos en una posición de poder
con el fin de conseguir lo que queremos.

En el verdadero compañerismo no hay egoísmo, sino capacidad de servicio, disposición de relacionarse con aquellos que lo entienden, siendo esta una bendición que no surge para cada uno. No todo el mundo llega a una posición en la que puede ofrecer el servicio, rodeado de personas que entienden que la mayoría de las situaciones personales terminan en lo político: si trabajamos en una oficina, es política, si en una universidad, es política, si pertenecemos a una sinagoga, una iglesia o una mezquita se hace política. Todo lo que vemos en el mundo también se refleja en pequeños grupos

Si entendemos cómo funcionan las cosas en el mundo debemos entender también como lo hacen en un grupo pequeño, siempre lo mismo. El mundo es inmutable; no cambia porque la gente tiene el poder; es capaz de influir en miles o en dos o tres personas. El poder es el poder. Hay muchas historias sobre los mendigos y los reyes, en las que el rey debe renunciar a su reino para llegar a una verdadera comprensión de su relación con Dios, y el mendigo deben renunciar a todo lo que tiene, sus pocos centavos, para entrar en un lugar donde pueda relacionarse con Dios.

¿Es más fácil para el mendigo renunciar a sus centavos que para el rey renunciar a su reino? No lo es, es la misma cosa. A todos nos dan iguales pruebas que sólo lucen diferentes en el exterior, por el nivel codicia, que nunca puede ser satisfecha. La avaricia es avaricia si se trata de un centavo, de una botella de agua o de un reino, es igual. Tenemos que mirar la naturaleza de las cualidades que tenemos y comprenderlas. Mediante la ayuda de su comprensión, podemos empezar a hacer el viaje hacia la gloria de nuestro Señor.

Una vez que cambiamos nuestra perspectiva para comprender de la naturaleza de nuestras cualidades y entendemos cómo nos afectan, cómo vivimos con ellas, comenzamos la búsqueda real para conocernos a nosotros mismos. Al conocernos comenzamos

a entender a nuestro Señor. Los amigos de Dios nos han dicho que
Él puso el universo en un pequeño punto, dentro de nuestros corazones y que esa es la conexión con Su intención y Él sabe que tenemos que comenzar el viaje para conocernos a nosotros mismos; si estamos demasiado interesados en las cosas del mundo, no tendremos tiempo para hacerlo.

Si queremos ir a Washington DC desde Filadelfia necesitamos tomar un tren hacia el sur; si nuestro destino final es Boston tenemos que ir hacia el norte. Si nos subimos a un tren que va hacia el sur o no llegaremos a Boston. Tenemos que decidir que tren y en qué dirección ir. No contamos con suficiente tiempo en nuestras vidas para gastarlo en el mundo; tenemos que aprender a dedicar una cierta cantidad de tiempo de viaje en dirección a nuestra meta, o no llegaremos a ella. Tenemos oportunidad de viajar hacia Nuestra meta que es Dios, no importa en qué dirección vamos en el mundo, sin importar nuestra religión, ni nuestra situación mundana. Podemos tener el caos a nuestro alrededor, pero si gozamos de paz interior estaremos viajando en la dirección correcta. También podemos tener paz a nuestro alrededor, pero vivir un caos interior, que nos hace perder el camino, camino a pesar de que todos señale que vamos en la dirección correcta. No se trata de hacia dónde apuntan las personas, no se trata de las situaciones que nos rodean, es acerca de la forma como reaccionamos a las situaciones que vivimos. El punto focal de nuestras vidas debería ser realizar lo que es apropiado en este momento, para la situación en que estamos.

¿Nuestras acciones parecen apropiadas? Podemos preguntarnos qué diferencia hace esto, y si nuestras acciones y nuestra posición son tan insignificantes que no tienen impacto, ni peso. Cometemos un gran error cuando pensamos así, creyendo que nuestro impacto en el mundo no tiene nada que ver con nuestra relación con Dios. Las Escrituras nos dicen que quien mata a un hombre mata a toda la humanidad y quien salva a un hombre salva a toda la humanidad. Todo lo que existe está dentro de cada uno de nosotros. Cuando pensamos que no somos tan importantes como para ser dignos de las medidas adecuadas, entendido mal las palabras de Dios, su mensaje y la gracia y la gloria de la creación. ¿Qué esperanza tenemos entonces de comprender la gracia y gloria de nuestro Creador? Él no nos hizo Su creación suprema para que pensáramos que somos menos.

Él no nos creó para pensar que todas nuestras acciones son importantes.

Cada una de nuestras acciones lo es; la humanidad podría depender de nosotros, y tal vez gracias a nuestro próximo acto toda la humanidad podría ser salvada. Se dice que en todo momento hay al menos cuarenta seres ocultos que mantienen este mundo en equilibrio. Si ellos fueron encontrados por el mundo parecerían muy insignificantes, pero mantienen este mundo en equilibrio. La humildad no significa que somos insignificantes, pero no es verdad porque somos increíblemente importantes y esto es cierto para todos, para cada persona que vemos. Sea cual sea la importancia que Dios ha puesto en nosotros, también la colocó en ellos. Cuando entendemos nuestra importancia, descubrimos la de los demás. Cuando llegamos a ese punto, podremos vivir y actuar con los seres humanos, según sea necesario. Esto toma tiempo; estamos llenos de cualidades que no queremos reconocer. Aunque nuestro ego no quiere perder influencia. ¿Cómo separarnos del mundo y acercarnos a Dios? El ego se destruye, no puede existir en la presencia de su Majestad, porque se consume. Así como los animales tienen miedo del fuego, nuestro ego tiene miedo del fuego de Dios. Los animales en nuestro yo inferior tienen terror, quieren seguir actuando como siempre lo han hecho, nos quieren llevar con ellos. Pero deben escapar para asegurar su existencia; entonces tenemos que decidir lo que debe existir dentro de nosotros. ¿Vamos a dejar que los animales que moran dentro de nosotros nos controlen o vamos a controlarlos para que la verdad que está en nuestro corazón sobreviva? Ambos no pueden coexistir, es una lucha a muerte; no es algo simple, constituye una lucha a muerte, la batalla de nuestras vidas, qué parte de nosotros va a sobrevivir.

Se nos ha dado una espada de la fe, no para usarla contra los demás, sino para cortar las partes interiores de nosotros que debemos extirpar si hemos de acercarnos a Dios. Debemos comprender esto y vivirlo, entender la importancia de esta batalla interior, porque toda la humanidad depende de nuestra victoria. Este es nuestro desafío, la posición en que estamos, nuestra misión. Si queremos aventura, esto es todo, no necesitamos mirar películas para las historias de aventuras. La mayor aventura de la creación sucede dentro de cada uno de nosotros. Darse cuenta de que tenemos que poner nuestra armadura para luchar esta batalla.

Cada una de las religiones nos ofrece metáforas de esta lucha; en los caballeros de tradición cristiana que lucharon contra el dragón. ¿Cuál dragón? La parte interna de nosotros que debe ser eliminada para salvar la pureza, en una lucha por la existencia de la verdad dentro de cada uno de nosotros. La verdad que es eterna, no puede ser dañada, podremos ser parte de ella?

Que Dios nos dé el valor para librar esta lucha interna.

CAPITULO TREINTA Y CINCO

*Cuando ya no estamos
atados a los prejuicios, ni a los
sistemas de creencias, ni a las
leyes que creemos conocer, sino
impulsados
por las influencias del amor, la
misericordia y la compasión,
y ofrecemos estas cualidades, lo
que permite que se manifiesten
a través de nosotros, las
compartimos
con todo el mundo*

CAPITULO TREINTA Y CINCO

El Amor y La Ley

Todos estamos familiarizados con los Diez Mandamientos, la base de un código moral de las religiones monoteístas. Estos, sin embargo, no incluyen "Amarás", como un mandamiento. Diferentes religiones tienen distintas perspectivas sobre la edad de responsabilidad, la edad en que un niño es lo suficientemente maduro como para ser responsable del cumplimiento de la ley. Hay un momento en nuestras vidas, cuando nos hemos desarrollado lo suficiente para ser responsables de nuestras acciones, ante Dios y ante la ley

La ley no dice 'Amarás'. Amar requiere más que saber lo que es correcto o incorrecto. El amor lo cambia todo; con amor también tenemos la facultad de actuar en consecuencia, no solo usando la ley como guía, sino también la compasión y la misericordia para hacer lo correcto en cada situación, en cada momento.

El amor nos da la capacidad de saber lo que es correcto en cada circunstancia. Diferentes oraciones son apropiados para diferentes momentos, no rezamos la oración de la mañana en la tarde o la oración de la noche en la mañana; hacemos lo que es apropiado para cada momento. Un ser sabio, un maestro de la gracia y la sabiduría siempre hace lo correcto para ese momento.

El problema con la ley son los profesionales del derecho, los abogados; los clérigos de todas las religiones actúan como abogados. Las leyes pueden ser interpretadas para adaptarlas a una situación dada. Por necesidades políticas, motivos personales, asuntos de bienes raíces, es decir de acuerdo con los motivos que sean podremos darle la interpretación que nos convenga. Esto nos puede conducir a graves consecuencias.

Todas las atrocidades cometidas en nombre de la religión se han originado en interpretaciones de clérigos que las consideraban apropiadas y que su sociedad aceptaba como algo necesario. Los que no se adhirieron a tales interpretaciones sufrieron graves consecuencias. Como abogado estaba familiarizado con esos métodos para crear lagunas y cuellos de botella cuando se les necesitaba, y era fácil de controlar una resolución, era fácil encontrar razones para su justificación. Esto no es un gran truco, no es realmente difícil, que requiere muy poco. El amor puede cambiar la situación, pero esto no es fácil, previamente debe haber madurez.

El amor no permite interpretaciones inadecuadas. Primero tenemos que aprender la ley, la verdad de la ley y su aplicación adecuada. Una ley que no se aplica con amor, es inadecuada, ya que no incluye las circunstancias del momento. Debido a que la ley nos une, nos da poder y nos crea arrogancia, no solo porque confiere autoridad sino que crea el dominio sobre los demás. En realidad, cuando el amor existe nada de eso ocurre, porque la arrogancia se ha ido, se ha ido el motivo, la necesidad de controlar se ha ido porque el amor puro es diferente. Todo cambia cuando el amor forma parte de la ecuación. La realidad siempre es apropiada. Esto es lo que separa a todos los seres santos, sabios, no tienen nada en el interior, no hay motivos personales para sostener, sin motivos propios. Estos seres están libres de sí mismos, tienen amplio espacio para que el Creador actúe a través de ellos. Por lo tanto, hacen lo correcto en todo momento.

Alguien en el camino de la sabiduría puede ser reconocido como una persona del momento. Si no estamos en el presente, nos encontramos en el pasado o en el futuro, no en la realidad que existe ahora, no en el pasado, no en el futuro, no en el tiempo sino en este momento. Estaremos vacíos, hasta que sin motivo nos situemos en el pasado o en el futuro. Si estamos obligados con demasiada fuerza por las leyes, no podemos hacer lo que es apropiado, creemos que debemos hacer exactamente lo que la ley nos dice, pero ¿cómo debe interpretársela ley? Algunos dicen que usted debe cortar la mano de un ladrón. La sabiduría dice que es la parte interior del deseo la que debe ser cortada. Esto nos da una visión diferente de ver las cosas, de modo que no estará claro hasta que el amor entre en la ecuación. Esto es lo que aquellos en el camino tienen que dar al mundo, la comprensión de que el amor altera todo. El amor altera civilizaciones, altera países, culturas, altera el corazón individual.

El amor altera guerras, altera las relaciones, todo, pero hasta que se permita el amor a florecer los mismos viejos métodos y formas se perpetúan. Aquellos de nosotros que estamos en el camino debe llevar el amor a la ecuación. Tenemos que llevar el amor a quien está a nuestro alrededor, llevar el amor a cualquier situación en la que estamos. Tenemos que seguir recordando a todo el mundo el poder del amor, y alertándolos de lo que puede suceder si no lo hubiera. amor. Cuando el amor no está allí la malevolencia está cerca.

En el siglo 13, DIN- Jalālud-dīn Rūmī comenzó su educación como estudiante de la ley religiosa. Se convirtió en el más distinguido erudito religioso de su tiempo en una ciudad llamada Konya en lo que hoy es Turquía. Su fama se extendió por todas partes. El místico sufí, Shams de Tabriz, fue enviado a enseñar a Rumi sobre el amor divino. Cuando Rumi conoció a Shams, Rumi tuvo una profunda experiencia en la que entendió que el amor había estado ausente de su formación y que esta comprensión había cambiado por completo su percepción de todo. Fue entonces cuando Rumi se convirtió en el poeta místico del amor divino cuya obra es internacionalmente conocida hoy.

La población de Konya se había acostumbrado a Rumi tal como era. Cuando el amor entró en su existencia, se produjo un cambio profundo en su vida y en sus enseñanzas. Este cambio no fue entendido por la población. Ellos creían que estaba siendo alterado de manera inadecuada. Se culpó a Shams de Tabriz por ese cambio. Querían Rumi de nuevo como que era antes y llegaron a la conclusión de que la forma de lograrlo era matar a Shams y de hecho, lo hicieron. La gente de Konya no podía aceptar los cambios, ni lo que el amor había aportado a la vida de Rumi. Porque no lo entendían reaccionaron en contra de ello y tomaron una decisión que consideraron era una respuesta racional.

Mataron a Shams.

Esto es lo que sucede en nuestras propias vidas. Cuando llega el amor, lo aceptamos o lo matamos; o nos convertimos en Rumi o matamos a Shams. Esto ocurre en las sociedades, en las culturas y en las naciones de todas las partes del mundo. Cuando llega el amor, es aceptado o asesinado. En nuestras propias vidas, esa es una decisión que debemos tomar. Cuando el amor entra en nuestra existencia, lo abrazamos o lo matamos. Es una decisión crucial que cada uno de nosotros toma una y otra vez

Cuando un médico trata a un paciente no se inicia preguntando lo que esa persona puede hacer por él, si lo hiciera, muchos no irían a tratarse. Debemos convertirnos en médicos: cuando nos encontramos con las personas, sin importar su situación, nuestra primera pregunta no debe ser ¿qué pueden hacer por nosotros? Sino ¿qué puedo hacer para ayudarlos. Debemos ser médicos con el entendimiento de que el mundo está enfermo. Gran parte de esta enfermedad no será visible, se encuentra dentro de los parámetros de lo que la sociedad considera normal. Hay muchas personas aparentemente normales que están enfermas; no tienen idea de por qué están aquí, ni de lo que realmente les está pasando, ni hacia dónde van, por qué están vivos, no tienen una razón para existir.. Algunos son impulsados por los demonios, por el alcohol, por la codicia, se dejan llevar por las cosas que se aceptan como normales, ordinarias, apropiadas y sin embargo, no lo son.

Una vez que el amor entra en nuestra vida y aceptamos el conocimiento que nos aporta y la obligación de usarlo, entendemos que las cosas deben cambiar. ¿Cuánta gente encontramos en nuestras vidas? ¿No podemos tomar lo que se nos ha dado y compartirlo con ese pequeño grupo que nos encontramos, no podemos hacer la vida más fácil para los sus integrantes, por ser su caso, por la comprensión que debemos hacer lo correcto? Si llegamos a ese punto, sin preocuparnos por el pasado, ni por el futuro, estamos listos para ser apropiados en el momento. Cuando ya no estamos atados a los prejuicios, por los sistemas de creencias, por las leyes, creemos que lo sabemos, pero estamos atados no por las influencias de amor, la misericordia y la compasión, cuando adquirimos estas cualidades, dejándolas que se manifiesten a través de nosotros, que compartimos con el mundo.

Este mundo será cambiado al ritmo de una persona a la vez; una sociedad se rige de acuerdo con los corazones de su gente. Si el mundo tiene que cambiar, nuestros corazones deben cambiar, encender la llama del cambio en los que nos encontramos. Tenemos que creer esto profundamente. ¿Creemos que los políticos van a cambiar el mundo, o que los ejércitos lo harán? el mundo, o creemos que lo hará el amor? Si creemos que al llevar el amor al mundo este va a cambiar, ¿estamos preparados para hacerlo cambiar? ¿Si no lo hacemos nosotros, quién? Necesitamos que cada uno de nosotros, acepte esa responsabilidad, para compartir la gracia que hemos recibido, para dejarlo pasar, a través de nosotros y extenderlo a los demás. Caminar con el amor alrededor, repartirlo, porque no es algo que debemos tener para nosotros mismos; si tratamos de retenerlo muere, pero si lo dejamos pasar a través de nosotros crece y entonces recibimos mucho más de lo que jamás hubiéramos imaginado que podríamos llegar a tener.

Que Alá nos conceda la gracia de permitir que su amor fluya a través de nosotros.

CAPITULO TREINTA Y SEIS

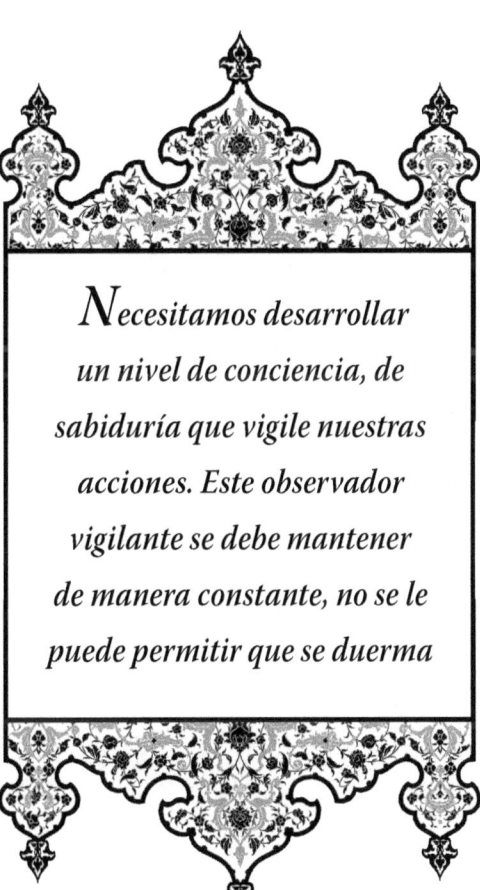

Necesitamos desarrollar un nivel de conciencia, de sabiduría que vigile nuestras acciones. Este observador vigilante se debe mantener de manera constante, no se le puede permitir que se duerma

CAPITULO TREINTA Y SEIS

La Presencia Divina

No importa dónde estemos, no importa quién está con nosotros, ni las circunstancias, tenemos que recordar que la presencia divina permanece siempre aquí con nosotros. Cuando nos fijamos en el mundo, en nuestro barrio, o en nuestro pueblo en general, podríamos pensar que otros se han olvidado de la presencia divina, pero no se trata de lo que pase con otras personas, sino de nuestro comportamiento y nuestra propia conciencia que siempre ha de recordar que estamos en la presencia de Dios.

Tendemos a vivir nuestras vidas en fragmentos, en secciones diferentes; ahora que estamos aquí con ciertas personas podemos hacerlo, cuando estamos con otras personas también. Y creemos que es aceptable que nos comportemos así aquí o allá. Identificamos situaciones mundanas y decidimos las acciones apropiadas para esas situaciones, haciendo olvidando que estamos siempre en presencia de lo divino. Si creemos que el mundo establece los s estándares de las medidas adecuadas que fácilmente se derrumban, nuestros estándares

deben establecerse con el recuerdo de que estamos en la presencia de Dios en cada momento.

Nuestro Señor es tan glorioso que no podemos ir más allá de Él, nuestro Señor es tan vasta que no podemos ir en torno a Él, nuestro Señor es tan profundo que no podemos descender hasta él. Debemos darnos cuenta de su esencia en nuestra existencia. Cuando perdemos esa verdad caemos en un estado poco adecuado.

¿Cómo podemos conservar nuestro reconocimiento de la presencia divina, ¿cómo nos quedamos en ese lugar? Esta es la esencia de nuestra lucha, la batalla que tenemos que librar contra lo que trate de alejarnos de ese lugar. Entender los estados apropiados y las acciones que permitan reconocer la presencia divina.

Si no sabemos cómo actuar en Su presencia nos encontraremos en falta con relación a lo divino, con nosotros mismos y con la realidad de su presencia divina. Tenemos que aprender la naturaleza de la conducta adecuada siendo adecuados, siendo dignos de la presencia divina. Esto significa que debemos estar en el estado apropiado y ejecutar las acciones apropiadas.

Puesto que estamos siempre en su presencia tenemos que modificar nuestro comportamiento para actuar de manera adecuada, incluso cuando nos olvidamos de su presencia. Significa que hay cosas que no haremos, que no diremos y hay maneras como no vamos a actuar sin importar las circunstancias. Ponemos límites y restricciones en lo que decimos y hacemos y fronteras de las que estamos muy conscientes. Para entender estos límites tenemos que comprender la acción correcta, darnos cuenta de que no se trata solo de saber cuándo ofrecer alabanza y gracias a Dios, sino también cómo vestirnos, trabajar, comer y vivir siguiendo el ejemplo de un maestro iluminado que sea el guía para todos los aspectos de nuestra existencia. La comprensión de que nuestro comportamiento debe ajustarse de forma estricta significa que tenemos que observarnos minuciosamente con una conciencia que es vigilante y crítica, evaluándonos todo el tiempo. Necesitamos desarrollar un nivel de conciencia, de sabiduría que vigile nuestras acciones. Este observador vigilante se debe mantener constante, no puede permitírsele dormir.

El cuerpo no es lo que somos. A medida que la conciencia y la sabiduría de ese sabio observador nos regula y nos mantiene dentro de un comportamiento adecuado, nuestra sabiduría se vuelve más y más alta. A medida que nos integramos con la sabiduría, la dualidad desaparece y nos convertimos en uno. Aquí está el secreto, el observador final es la presencia divina; nuestra conciencia vigila y juzga, ya que se esfuerza por integrarse con la presencia divina. Al tomar este camino nuestro yo inferior es domesticado y sometido. Cuando vemos un león actuar en un circo sabemos que un domador de leones le ha enseñado al animal el comportamiento comporte adecuado para la audiencia. Nuestro público es Dios, la audiencia ante la cual No sólo tenemos un león dentro de nosotros, también hay una colección de fieras que nuestra consciencia debe someter, que deben estar domados para permitir a la conciencia divina ser la intérprete, en lugar de ser la casa de fieras. A medida que los animales son restringidos, entienden los límites dentro de los cuales pueden jugar o actuar o no habrá espacio para que la verdad resplandezca.

Mientras no exista unidad interior habrá una dualidad de la cual debemos ser conscientes. Cuando tratamos de domar un león habrá que estar conscientes del peligro para no terminar convertidos en su comida. Ya sea que trabajemos con o en contra de nuestro yo inferior, si no somos conscientes de lo peligroso que es, podríamos terminar como su alimento. Todo depende de la vigilancia, la diligencia, la disciplina y la capacidad de mantener un alto nivel de conciencia en situaciones difíciles. Cuando el león está fuera de control, si el domador corre, cierra la puerta y nunca regresa, no se domesticará a la fiera. Esto es lo que quiere nuestro ser inferior, ante una situación tan difícil que decimos que es imposible, que no podemos hacerla esto es que no tenemos fuerza, disciplina, paciencia ni tolerancia. Nos damos por vencidos diciendo que no tenemos lo necesario para controlar la situación, ni para luchar y controlar estas bestias; que no lo tenemos ni vamos a tenerlo, y nos rendimos.

En la guerra uno de los dos bandos se rinde. ¿Cuál de ellos lo hará aquí? Lo que está en juego es simple, tenemos que elegir entre nuestra alma inmortal o la vida temporal de la ilusión en este mundo. Si hacemos de la vida temporal nuestra realidad, la ilusión ganará. No debemos considerar demasiado difícil superar el yo inferior, es mucho más sencillo de lo se cree disfrutar de lo que ofrece el mundo. Si podemos encontrar alguna satisfacción en él pensamos que estamos en mejores condiciones. Esto es lo que pasa si empezamos con premisas falsas, creamos una situación imposible, jugamos un juego sin victoria. La paz no se puede encontrar en el mundo, no hay satisfacción en él. Si marchamos de esa manera habremos tomado la dirección equivocada, no hay posibilidad de victoria aquí. Esto es como ir a un casino convencidos de que vamos a ganar cuando el juego está amañado. El juego del mundo está amañado, no puede darnos lo que pedimos, eso lo tenemos que aprender. Una vez que lo entendemos podemos modificar nuestra actitud y suposiciones. La actitud tiene que ser modificada, las metas establecidas cada momento. Quién nos conoce mejor que ese bajo y básico lado de nuestro ego, quién gasta más tiempo con nosotros que nuestro yo inferior? Va a dónde quiera que vamos, conoce nuestras debilidades y fortalezas, sabe la dimensión de nuestra fuerza y cuán grande es nuestra debilidad. Sabe también cómo hacernos reaccionar, espera el momento preciso y sin previo aviso monta un ataque de acuerdo con un código secreto para oprimir nuestros comandos. Cada uno de los aspectos animales de nuestros ser básico se auto alinea para hacerlo. Tenemos que ser conscientes de ello porque el comportamiento apropiado es difícil de entender ya que tenemos tantas cosas que nos afectan y nos impiden actuar de manera apropiada. Esas cosas son nuestros deseos, tan grandes como el mundo, inmensos, no podemos ver por encima, ni debajo o alrededor de ellas. Son tan intrusivas que nos comportamos como si fuéramos más grande que Dios, más grande que nuestro Señor, y creemos en ellas, seguimos sus dictados. El yo inferior siempre justificará cualquier desviación de la trayectoria de una manera que hará que parezca apropiado hacerlo.

No sólo no tenemos que entender lo que es inapropiado, sino lo que puede parecer apropiado y podría no serlo. Una vez le llegó una voz desde las nubes al gran santo 'Abdul Qadir al-Jilani diciéndole: "' Abdul Qadir, tu eres el más grande y aún el más humilde, el más devoto de mis siervo. Por eso yo te libero del cumplimiento de ciertos actos de devoción, ya no es necesario que reces todas las oraciones ".

'Abdul Qadir al-Jilani respondió rápidamente: "Le pido a Dios que me proteja del mal de satanás. Vete! "

Satanás dijo: "¿Cómo sabías quién era? Vine como una voz en

las nubes ".

'Abdul Qadir respondió: "Dios nunca me dijo que no elevara mis oraciones, Él nunca me disculpó por lo que es requerido a todos. Además, Dios no viene como una voz en las nubes, sino como una voz del corazón ".

Esta historia no es sólo algo que le pasó a 'Abdul Qadir al-Jilani, esto nos sucede a todos, la historia tiene que ver con nosotros. Voces arbitrarias vienen a decirnos lo qué es apropiado y lo qué no es, pero hay que entender lo que es realmente el caso, debemos saber lo suficiente como para reconocer cuándo estamos siendo engañados. No ser ingenuos ignorando las intenciones viciosas.

La gente miente, incluso nos mentimos a nosotros mismos, y también está el mayor mentiroso, satanás, susurrando fábulas en nuestro oído, para persuadirnos a actuar de cierta manera. Si no sabemos lo que es apropiado, si nos olvidamos de que estamos en la presencia divina, si no cancelamos nuestra respuesta incorrecta a tales mentiras, estamos en dificultad. Debemos aprender a no reaccionar de forma automática, a tomarnos el tiempo necesario para estudiar la situación, recordando la presencia divina o podemos descender a un comportamiento inapropiado. Si actuamos con demasiada rapidez, si no hemos sido capaces de detenernos y esperar, estar en completa quietud durante unos minutos podríamos reaccionar en forma automática lo que puede ser inadecuado.

¿Por qué es difícil detener las reacciones automáticas? El lado más vil de cada uno de nosotros actúa de maneras diferentes; todos tenemos diferentes tendencias. No necesitamos responder a la pregunta, sino parar, que no tenemos que saber por qué, sólo tenemos que cambiar porque una vez que lo hacemos dejaremos de responder a todos los factores desencadenantes, porque no estamos seguros de lo que son, y con el tiempo se descompone como un músculo sin uso.

Empezamos por establecer los parámetros de la acción apropiada, nos disciplinamos en lo que hacemos y lo evitamos, allí donde vamos y donde no vamos. Esto no es más que una consideración física externa, podemos estar sentados, quietos y dar la vuelta al mundo pero debemos tener cuidado de donde vamos cuando estamos sentados todavía. ¿Adónde vamos, ¿adónde nos dejamos ir, qué fantasías suscribimos? A medida que profundizamos y nos acercarnos a la presencia divina, estas cosas se hacen más sutiles de reconocer, más tortuosos los esfuerzos para mantenernos en Dios.

Que nuestra sabiduría se amplíe para evitar que nos impulsa o nos empuja de manera inapropiada. Que siempre seamos apropiados para la presencia ante Dios y Su gracia.

CAPITULO TREINTA Y SIETE

Una Fe fuerte es la clave para deshacernos de la paranoia, para romper la roca que ha rodeado a nuestros corazones. Debemos entender la verdad y la suavidad, el corazón que se funde que es el de alguien que adora a Dios. Debemos tener el coraje de no temer.

CAPITULO TREINTA Y SIETE

La Roca

El corazón debe ser un lugar derretido en el amor, pero demasiado a menudo es una roca dura, difícil, que reacciona con el mundo como una roca. ¿Qué sucede con el lugar amoroso suave en nuestros corazones como los bebés que a menudo se vuelve como una roca?

Cuando un bebé llega al mundo no ha aterrizado todavía, sin embargo ha llegado en el tiempo y el espacio, pero aun así no está en realidad aquí, permanece en otro mundo hasta que poco a poco, crea sus raíces en este mundo.

Los niños tienen diferentes experiencias cuando son traídos a este mundo; algunos nacen en ambientes fuertes, amables, sanos y otros no. A veces, incluso lo que parece ser una crianza suave, y amable tiene un borde que asusta a un niño tímido y el miedo le hace cosas terribles a la gente. Cuando los niños están asustados pueden desarrollar un mecanismo para hacer frente a ese miedo. Hay diferentes tipos.; uno en el que se desarrolla protección, algo que lo defiende de todas sus dificultades o temores invasivos. Interiormente, el niño es un ser suave, vulnerable, pero para proteger a ese ser interior suave, vulnerable, se desarrolla una capa, una dura cáscara que proteger lo que hay dentro.

En el transcurso del tiempo, dependiendo de la forma como esa capa exterior se desarrolla, a menudo la suavidad interna desaparece. Sin embargo, las personas con esa capa exterior se sienten muy vulnerables a pesar de que en el exterior rugen y eso es lo que ve el mundo, pero no es la forma de pensar de sí mismos, porque se sienten suaves, vulnerables, asustadizas.

seres con el derecho a hacer lo que sea necesario para su propia protección. Hay tanta ilusión, tanto en la racionalización de este tipo de pensamiento, que esas personas no entienden el monstruo que han creado.

Si no hay un espacio creado para que el ser suave, vulnerable que existe sea traído a la luz pública, un espacio donde la gente pueda ser tan amorosa, no va a suceder. La gente tiene que sentirse segura, protegida y eso no sucede rápidamente. En primer lugar la capa exterior debe ser rota, esta piedra tiene que romperse en un proceso largo. Lo que crea la roca es diferente para diferentes personas. Para algunos esa roca se convierte en un niño difícil, que es tan malo como siempre lo fue y para otros puede ser un mordaz y sardónico sentido, del humor, su fuerza protectora.

Individualmente creamos una concha, una roca, un tirano para proteger nuestro corazón blando. Para él es una falta de comprensión de la realidad. No todos somos bendecidos con padres o maestros sabios, sino con algunos que no pueden enseñar lo que ellos no saben. Mientras no comprendemos la realidad, los que no se la han planteado no sentiremos la necesidad de defendernos del mundo. Ellos lo ven como un lugar exigente y áspero de defensa propia.

Cuando entendemos la verdad de la fe, que todo está en las manos de Dios, reconociendo que nuestra propia capacidad de defendernos es limitada, empezamos a reemplazar nuestra voluntad con la Suya. Los movimientos religiosos son tan capaces de crear rocas tanto como movimientos autoritarios.

Debemos entender que somos un microcosmos de lo que pasa en el mundo, de todo lo que vemos, si es político o religioso, si se trata de un movimiento por la paz o un movimiento tiránico, todo tiene lugar dentro de nosotros. Tenemos que detenernos en algún momento para hacer un inventario y evaluar dónde estamos: esta piedra puede convertirse en nuestra personalidad, en lo que somos. Hemos estado en la tarea de la protección de nosotros mismos durante tanto tiempo, hemos vivido tanto tiempo en el miedo, que se pierden la confianza, la suavidad y el corazón lleno de amor, todo lo que queda es la roca.

¿Cómo podemos cambiar y entrar en una nueva fase? Abandonado el miedo ya que podemos tener miedo de casi cualquier cosa. Diferentes personas tienen diferentes fobias, la lista es larga. Para algunos de nosotros no tiene sentido que alguien más tenga un miedo particular, y para otra persona no tiene ningún sentido que tengamos un miedo en particular. El punto es que el miedo provoca una reacción, que es la anticipación de acontecimientos futuros que tienen sus consecuencias ahora. Esto significa que nos convertimos adivinos, tratando de la predecir lo que Dios tiene reservado para nosotros, temiendo lo peores resultados posible.

Esta perspectiva se deriva de una manera negativa de ver las cosas, de manera que nos vuelve protectores, estamos seguros de que ocurrirá una desgracia a menos que intervengamos. La realidad es que el único que puede hacerlo es Dios, la realidad de que Dios es misericordioso y que nuestro futuro está en sus manos. Empezamos a ver nuestro futuro de esa manera, recordamos lo importante que somos para Él como sus ministros. Él nos ha comunicado esta importancia, Él cuidará de nosotros, tenemos que creerlo firmemente

Una Fe fuerte es la clave para deshacernos de la paranoia, una fe fuerte es la clave para romper la roca que ha rodeado a nuestros corazones. La fe la reemplazará por lo que estaremos listos para desecharla en cualquier momento. Los que están en el extremo receptor de la roca a veces se preguntan quién es la persona realmente está lanzándola. Puede que se pregunten por qué tienen que enfrentarse a ella, razón por la que incluso le permiten a una persona estar cerca de ellos. No necesitamos preocuparnos acerca de esto sino comprender la verdad y la suavidad, el corazón de fusión, que es el corazón de un amante de Dios. Debemos tener el valor de no tener miedo. Se requiere coraje para no tener miedo.

¿Tenemos el coraje de dar un paso fuera de cada cosa aparentemente normativa en nuestras vidas, para ampliar lo que somos? ¿Tenemos el coraje de ser algo más que seres limitados y ser conscientes ahora? ¿Tenemos el valor de ver el universo entero dentro de nosotros? ¿Tenemos el coraje de dejar que todo siga, para poner todo en sus manos, entendiendo profundamente que es este el único camino a la verdadera libertad? ¿Tenemos el coraje de ser libres, o insistir en estar limitados por la ilusión porque se siente más seguridad allí que en el espacio abierto?

¿Cuando llegue el momento de dar ese paso hacia la realidad, tendremos el coraje? ¿Cuando llegue el momento de decir que tenemos que dejar todo lo que hemos conocido atrás, vamos a tener ese coraje? ¿Cómo podemos tener valor en el futuro si no desarrollamos la valentía ahora? Morir antes de la muerte requiere un enorme acto de valor porque todos le temos por la visión de ella. Parte de esa visión implica renunciar a lo que apreciamos en esta vida. ¿Tenemos el valor para desprendernos de todo, de renunciar a las cosas materiales a las que nos hemos aferrados como si fueran sagradas? ¿Tenemos el conocimiento para llegar a ese estado de desprendimiento, que nos permita liberarnos.

Mientras mantenemos o nos aferramos a las cosas que temos perder, vivimos en la ilusión. Cuando el miedo se va, cuando el miedo a todo, a cada pequeña cosa desaparece, podemos ser libres. Debemos saber lo que nos da miedo porque lo que tenemos miedo de que nos aísla. Pensamos que somos valientes cuando nos defendemos de lo que temos; en su lugar, deberíamos vencerlo, no tener miedo. El estado de ausencia de miedo es el estado de verdadera fe, que se define correctamente como la creencia de que lo que se supone que sucederá es lo que está pasando, que la perfección existe y estamos en medio de ella.

El problema es que no entendemos la perfección, ya que no entendemos a Dios; usamos nuestro propio juicio sobre la naturaleza de la perfección. Tenemos que entregar ese juicio, estar en sintonía con lo que está pasando, renunciar a nuestra propia voluntad que no es la suya. Es una cuestión de voluntariedad, de insistencia en nuestra voluntad ignorando la suya. Si somos capaces de renunciar a ella, el miedo desaparece porque este a menudo se debe a la idea de que "mi voluntad" no se va a cumplir. Tenemos que renunciar a nuestra a ella para que el miedo se puede disipar en su irrelevancia.

Cuando dos niños están juntos y uno de ellos se está portando mal, le decimos que deje al otro solo, pero no hace ninguna diferencia, no puede hacerlo, no puede ignorarlo, él no lo va a dejar en paz. Esto no es diferente para nosotros. ¿Qué es lo que no podemos dejar, ¿hasta qué grado no podemos dejar que sea? ¿Podemos reconocer que, entendemos lo que es que no podemos dejar solos, que tenemos que tormento, jugar, que tenemos que tenerlo salen como pensamos que debería? ¿Por qué es tan importante que hagamos cualquier cosa para asegurarnos que las cosas salgan como es nuestra voluntad que sucedan? Estas preguntas tienen que ser abordadas por dentro y las respuestas son diferentes para cada uno.; no podemos legislar para otros, ni decir a los demás cómo funcionar hacer, sólo podemos hacer por nosotros mismos que prescriba el proceso por sí solo. Si el proceso es correcto, si somos lo suficientemente fuertes, otros lo entenderán y harán lo mismo.

Hay un estado del ser que alberga la quietud en su núcleo, que trae calma y serenidad a los que existen en ella. Los grandes maestros están en ese estado; en su presencia el miedo desaparece, nos deja, encontramos refugio en su presencia, y siempre estamos en la presencia de Dios, en el santuario. Si abrimos nuestros ojos veremos la protección, la gloria y la gracia.

Que la visión de la gracia esté directamente disponible. Que en cualesquiera sean nuestras circunstancias, dondequiera que estemos, que puedan nuestros ojos estar abiertos a ese punto de la gloria, de la gracia. Que el miedo se disipe en cada momento de nuestra existencia, para poder ver la perfección de cada momento y fundirse en su voluntad.

CAPITULO TREINTA Y OCHO

*T*enemos que aprender
a ver correctamente.
Nada que nos rodea
va a cambiar,
lo que va a cambiar
es nuestra percepción
cuando miramos todo
de una manera diferente.
La clave es aprender
a percibir, la forma de ver,
como mirar

CAPITULO TREINTA Y OCHO

El lugar Interior del Culto

En el mundo construimos mezquitas, iglesias, sinagogas y templos para recordar a la gente que hay un Dios. Las hacemos de manera que cuando las personas estén en peligro tengan un santuario donde ir a tener un poco de respiro. Se ponen señales en el camino, que nos recuerdan que Dios existe, que podemos ir a esos lugares, para concentrarnos en Él y desplazar algunos de nuestros enfoques sobre el mundo. Hace años, las mezquitas y las iglesias eran santuarios reales en los que el mundo no nos podía tocar, las autoridades judiciales no tenían autoridad para requerirnos allí, estábamos protegidos del mundo.

En La Meca, el profeta Adán construyó la primera de estas casas de Dios, entonces Abraham y su hijo Ismael reconstruyeron Ka☒bah o Kaaba, el pequeño santuario situado cerca del centro de la Gran Mezquita, el lugar para adorar a Dios, que se convirtió en un lugar de peregrinación. Una historia sobre Rābi'ah un santa sufí que fue a visitar la Kaaba. Mientras ella estaba en camino, Ibrahim ibn Adham, rey de la antigua ciudad de Balkh en Afganistán también estaba en camino hacia allá, pero gastó catorce años para llegar a La Meca; cada dos pasos se detenía a elevar sus oraciones; entraba a cada lugar de culto por donde pasaba también a orar. Después de catorce años, cuando finalmente arribó a La Meca y fue al lugar donde se suponía que estaba la Kaaba, para su horror no había existía . "¿Qué está pasando?", gritó: "He pasado catorce años para llegar, pero la Kaaba no está aquí, que ha pasado con ella, a donde la han llevado. Le respondieron: , " Unas pocas personas de la localidad le dijeron : "No te preocupes, sé paciente, la Kaaba volverá pronto. "Eso no le satisfizo y se fue gritando:" ¿Qué le ha pasado a la Kaaba, donde ha ido, quien la ha tomado el Kaaba, quien ha causado esta angustia? La gente le respondió : "Una mujer llamada Rabi'ah estaba en su camino aquí a la Meca cuando la Kaaba se marchó para ir a visitarla.

Esto produjo el enojo de Ibrāhīm, quien indignado, prometió asegurarse de que la Kaaba fuera traída de vuelta a La Meca y luego se fue a buscar a Rabi'ah, "¿Qué has hecho?", le reclamó cuando la encontró, "Mira los problemas que has causado. Venimos a la Kaaba en peregrinación, pero le has quitado ".

Ella respondió: "Yo no he hecho nada, yo no causé esto, no pedí que eso sucediera. Yo estaba en camino para hacer esta peregrinación cuando la Kaaba vino a mí. Como el continuara gritando Rabi'ah le replicó: "Viniste aquí con ira, pero se supone que debes ir en peregrinación en un estado de rendición; , viniste en un estado de orgullo. Cada dos paso hiciste una serie de oraciones. ¿Para quién, para Dios o para que la gente se diera cuenta, que en tu peregrinación orabas oraciones cada dos pasos? Te tomó catorce años hacer un viaje que debería haber durado sólo treinta días; por qué? Para que la gente supiera que estabas en peregrinación? Si hubieras hecho las oraciones de manera correcta no habrías necesitado la peregrinación, la Kab'ah, habría venido a ti. Mi intención al venir a este lugar no era visitar una antigua casa de piedra; mi intención era rendirme a la voluntad de Dios. En ese acto de rendición Dios vino a mí; entiendo que es necesario comprender el verdadero significado de la peregrinación, no su significado exterior.

Esta es la forma como está en el mundo, hay tantos símbolos exteriores que tienen un significado interno. Sin este son formas vacías. El mundo se compone de las cosas que vemos, vemos a otros, vemos la creación de Dios, y nuestras propias creaciones. No es difícil apreciar la diferencia entre nuestras creaciones y las de Dios; las Suyas tienen vida, las nuestras no. Las que creamos nosotros son hechas de Sus creaciones. En un mundo lleno de ellas y de las nuestras, pasar tanto tiempo seducidos por estas últimas, dedicados a ellas.

aunque todo en la creación no es más que un indicador de la realidad, un ejemplo de la verdad.

La creación es un mapa del Creador, los lugares de culto son recordatorios del Creador. No realizan nuestra adoración por nosotros, nos dan un espacio que podemos utilizar para dedicarnos a la adoración que puede estar en cualquier parte, no tiene qué ser un lugar específico como tampoco la peregrinación tiene que ser un viaje específico, sino es un estado del ser, un estado interior. Llega un momento en que dejamos de viajar de un lugar a otro en el mundo y comenzamos el viaje hacia el interior de nuestro Creador.

¿Cómo podemos hacerlo? Empezamos siendo conscientes de la situación en que estamos, mediante el análisis de dónde estamos en un momento dado. Comenzar con el actual, porque nuestro nivel de percepción es un indicador del estado de nuestro corazón. La percepción, la forma de ver las cosas, nos puede decir cómo se encuentra nuestro corazón. Si percibimos que nuestro corazón se siente abrumado, no abierto; si percibimos esa situación opresiva, si nuestro corazón está cerrado; si percibimos nuestra situación como algo malo, nuestro corazón estará cerrado, no abierto. La incapacidad de percibir las necesidades de perfección para corregirlas, pero para entenderlo debemos reconocer nuestra capacidad de percepción.

Tenemos que aprender a ver correctamente. Nada de lo que nos rodea va a cambiar, lo hará nuestra percepción cuando veamos todo de una manera diferente. La clave es aprender a percibir, la forma de ver, la forma de mirar. Si usamos anteojos azules, todo se verá azul; si nos ponemos las gafas rojas todo lucirá rojo. Si tenemos los ojos llenos de compasión veremos todo de manera compasiva, si tenemos están llenos de ira, veremos todo de una manera molesta.

Debemos entender cómo y por qué vemos las cosas de determinada manera. Las percepciones inadecuadas viene, en gran parte, debido a la auto motivación, que provoca la separación. El intento de ser diferentes, considerado de alguna manera más importante que todo y todos los demás nos separa de la realidad.

Y lo que nos separa a unos de otros nos aparta de Dios no es independiente; si no estamos separados, si no nos percibimos a nosotros mismos como separados podemos percibir la realidad.

La realidad no puede ser percibida a través de la separación, sólo lo será por medio de la inclusión no solamente de nuestra raza, sino del género, la nacionalidad, el idioma y la religión. Dios no tiene fronteras, Dios no está separado de nada, Él está en todo y es para todos. Sin embargo, si practicamos la exclusividad, si somos separatistas nos hemos alejado de la realidad. Esto lo hacemos mediante la creación de barreras, de diferencias, imaginando que nos separan de la realidad. Aferrarse a tales diferencias nos separa de la realidad, nos excluye de Dios, de Su abrazo y de Sus cualidades. Y Sus cualidades no son de separación. La única separación que queremos es el alejarnos de las cualidades satánicas.

Tendemos a demonizar a los demás y usar eso como excusa para nuestra separación, pero no tenemos derecho de hacer juicios. Si lo hacemos, hemos sobrepasado los límites permitidos como seres creados, Dios ha reservado el juicio para sí. Se nos ha dado libre albedrío, se nos ha dado la opción, se nos ha dado el control del mundo, pero no se nos ha dado el derecho de juzgar a los demás, para demonizarlos, para decidir quién va al cielo y quién al infierno. Dios se lo ha reservado para sí mismo; sin embargo, algunas personas se atreven a predecir quién va al cielo y quién va al infierno, como si lo supieran.

Tenemos que caminar una ruta activa hacia nuestra salvación, un camino de inclusión, un camino que nos lleve a las cualidades de Dios. Se trata del camino de la compasión, de la misericordia, de la tolerancia, de la justicia y de la inclusión, un camino que entiende el significado del amor, que lleva ese amor por la existencia.

A veces Dios hace lo que parecen ser las dificultades en la vida de las personas. Esta es una manera en que Dios nos obliga a mirar hacia dentro. Sin esas dificultades que podríamos estar conduciendo en automático, todo lo que sucede a lo largo sin problemas, no hay razón para decir: Dios mío, necesito ayuda. Hasta que no entendamos que somos dependientes de Él para cada aliento, necesitamos situaciones que nos hagan ver el interior, hasta que realmente comprendamos nuestra dependencia de Él. Necesitamos que provocó en este mundo, hasta que miramos dentro, sin preguntar.

Los santos permanecen en la estación de sometimiento a Dios, entendiendo que el mundo no es más que un ejemplo de lo que Él es. Todo lo que no es más que un aspecto de la creación, a lo que nos aferramos, nos impide avanzar hacia Él. Cuando nuestro barco está amarrado al muelle, incluso con el motor en marcha no nos movemos. Mientras tenemos un ojo mirando a Dios y el otro mirando a ver que está observando, siempre estamos mirando otros que hemos estacionados a nosotros mismos en el medio y no podemos hacer el viaje. Si un ojo está mirando a Dios y el otro está mirando dinero, bienes raíces o las cosas que deseamos, que están atadas al muelle. El deseo nos ata al muelle, podríamos hablar de peregrinación, pero no podemos hacer el viaje. Podemos movemos, podemos ir de un lugar a otro en todo el mundo, pero no hay una peregrinación. No es sólo un viaje externo, no hay viaje interior.

Todos comenzamos en este cuerpo y terminamos en él. Mantenemos confusos donde está el cuerpo y el lugar donde nos encontramos. Estamos aquí, siempre en el cuerpo, durante nuestro tránsito en la tierra. Nosotros necesitamos viajar para entender, pero el verdadero viaje no es al exterior. Debemos preguntarnos acerca de nuestro viaje interior, preguntarnos ¿adónde hemos viajado en el camino espiritual, que tan lejos hemos ido, cual es nuestra intención, que hemos decidido hacer de esta vida, nuestros objetivos, nuestras aspiraciones . ¿qué consideramos sagrado, que es profano, ¿cuánto margen de maniobra adicional nos damos a nosotros mismos? ¿Cuántas veces cerramos los ojos a nuestro propio comportamiento, ¿con qué frecuencia cerramos los oídos, y estamos paralizados por los deseos que no podemos dejar atrás.

¿Cuántas veces nos reconocemos que hemos perdido el camino, han ido perdiendo durante años? ¿Nos preguntamos a nosotros mismos cuando nos vamos a dejar que circunda el mundo y empezar a hacer la peregrinación interior, hacemos nos preguntamos si conocemos la diferencia entre el infierno y dando vueltas en círculos cielo? ¿Nos preguntamos cuándo vamos a entender la diferencia entre lo que nos lleva en una dirección apropiada y lo que nos aleja? ¿Nos preguntamos cuándo vamos a dejar de creer en cosas como el dinero, títulos, prestigio, fama, el caramelo tirado en nuestro camino nos detenemos a recoger? ¿Nos preguntamos cuándo vamos a dejar de vender nuestro derecho de nacimiento, cuando nos daremos cuenta de la verdad de la existencia e ir hacia el reino de Dios? ¿Cuándo entenderemos que podemos encontrar de todo, aquí, dentro de nosotros mismos, dejando de lado las cosas del mundo a las que nos aferramos?

¿Cuándo vamos a aprender que adoptando a los demás nos acerca a la realidad, que cuando damos recibimos mucho más, que la

abundancia viene de un lugar sin fin y que siempre es suficiente? ¿Cuándo vamos a entender que no hay nada que temer porque Dios nos protege, nos sostiene y nos cuida?

¿Cuándo aprenderemos el ego dentro de uno mismo es el obstáculo a la verdad, cuando se este obstáculo desaparecerá para dejar en verdad? ¿Cómo podemos hacer que eso suceda? Nuestro nivel de percepción es un indicador del estado de nuestro corazón. ¿Cuándo vamos a aceptar que lo que vemos es perfecto, ¿cuándo vamos a dejar de quejarse y empezar a ser agradecido, ¿cuándo vamos a entender las bendiciones que nos ha dado, la abundancia derramado sobre nosotros, cuando sucederá esto? Le puede pasar ahora, pero sólo si dejamos que esto suceda, sólo si nos decidimos a desaparecer. En nuestro acto de desaparecer Dios aparece, entonces todos los rostros que vemos serán un reflejo de la verdad. Vemos la santidad en cada uno de ellos, vemos el amor, vemos la compasión y la bondad.

Como vemos la luz de su resplandor divino en todo lo que nos fijamos en nuestros cambios de percepción, vemos las cosas de manera diferente. No hay ningún lugar adonde ir porque estamos ahí, siempre hemos estado ahí, seguimos siendo allí. Necesitamos la fe, la certeza y determinación para saber esto está disponible, podemos eliminar nuestro camino de todo lo que se opone a ella, deshacerse de las fuerzas oscuras de la ilusión por recordar que la verdad de Dios es abundante. Su verdad nos protege, nos ama y todo lo que somos existe en su protección.

Que este entendimiento será fácil para nosotros, que este sea un lugar de fácil acceso, que podamos vivir allí, así que no necesitamos catorce años para hacer un viaje de treinta días. Que cada paso que damos resplandor infinito abierto de Dios para nosotros.

CAPITULO TREINTA Y NUEVE

*Para entender la unidad
tenemos que dejar de lado
el intelecto.
Si no nos desprendemos de él,
no podremos entrar
en el misterio
de la unidad.*

CAPITULO TREINTA Y NUEVE

Comprensión de la Unidad

La gente habla de la unidad, unidad en los gobiernos, entre las personas, en el matrimonio, en la familia, se habla de la unidad en la humanidad, y sin embargo, la palabra unidad no es bien entendida. Cuando se considera que se debe dar entre las personas, quieren decir que la gente debe ser cortés y amable; cuando dicen que necesitamos unidad en el gobierno, significan que puede pasar a la legislación y hacer cosas positivas. O que tiene que ver con la conducta o etiqueta apropiada y esto demuestra cuánto se reduce nuestra comprensión si usamos la palabra para designar las buenas maneras. De hecho, no puede haber unidad si no hemos aprendido a actuar correctamente.

Ya que no podemos aprender el verdadero significado de algo tan profundo como la unidad, si no sabemos cómo comportarnos decentemente, muchos lugares espirituales deben enseñar el comportamiento apropiado, en primer lugar. En la unidad no cabe una conducta inapropiada, ella lejos de la conducta apropiada, en un lugar donde ciertas dificultades han desaparecido. Cuando consideramos el mundo y nos miramos a nosotros mismos, tenemos que contemplar con que tenemos que unirnos y en qué sentido podemos estar en la unidad? La comprensión última de la unidad es que no existe nada, solo Dios, sólo Él es la permanencia. La unidad tiene que ser reconocida con este entendimiento de la creación. Hablamos de los conocimientos sobre la unidad, pero no de su realidad, la describimos pero no la vivimos. Sin duda es cierto que en nuestro estado actual, en este cuerpo físico, nuestra capacidad de ser uno y estar en la unidad está limitada para combinarse entre sí. Tenemos la capacidad para estar en la unidad, pero no en el contexto de nuestra comprensión. Para comprender la unidad tenemos que dejar de lado el intelecto y no podemos entrar en el misterio de la unidad. Hasta no renunciar a nuestro apego al mundo, la familia, la raza, la religión, la nación, a nuestra existencia cotidiana, no podemos empezar a hablar de unidad. Los místicos llaman a este estado avanzado la aniquilación del yo, el final de la jornada. Esa es la fusión, que significa poco si aún gritamos a nuestros vecinos o esposas, si tenemos peleas por cosas insignificantes, o evitamos a ciertas personas porque no nos gustan. Podríamos hablar de unidad, pero de manera más realista deberíamos estar hablando de quiénes y qué somos, acerca de las condiciones que tenemos para hacer frente a nuestro entorno.

Una cierta arrogancia en ocasiones se convierte en parte del viaje espiritual y aparece incluso en el lenguaje que utilizamos, y que a veces tomamos prestado de la filosofía. Pero la filosofía tiende a olvidarse de la vida y dice ser la realidad. La metafísica se ha descrito como la filosofía de una realidad que no podemos ver o describir; sin embargo, muchos proponen modelos para ello. Einstein comparó una vez los intentos de explicar el universo con los intentos de describir el mecanismo interior de un reloj, complicado y que nunca hemos visto ni se puede abrir. Podemos pasar nuestro tiempo dándole vueltas a cómo adaptarnos a las teorías de la existencia, sin pasar por la naturaleza de nuestra propia existencia, lo que somos, cómo vivimos.

Uno de los secretos de la unidad es realmente tener un comportamiento adecuado, que generalmente obviamos para hablar de unidad. Debemos entender que la clave para ir más lejos está en aprender cómo ser apropiados en el estado en que nos encontramos en la actualidad. Se nos ha hablado acerca de la abrumadora fuerza del amor y que la compasión y la misericordia gobiernan el universo. Si esto es lo que rige el universo, cuando nos acercamos a la compasión y a la misericordia que nos acercamos a la realidad. Para acercarse a la compasión y la misericordia algo

Comprensión de la Unidad 313

debe suceder dentro, el corazón tiene que abrir. Con la apertura del corazón descubrimos estas cualidades y su efectos, su influencia actual.

Emocionalmente, experimentamos los elementos de la compasión, de la misericordia y ráfagas de amor. Cuando vemos una película puede hacernos llorar. ¿Por qué? porque la manipulación de la sombra y el sonido causa punzadas de emoción que se asemejan a las cualidades reales? ¿Qué nos impide tenerlas durante nuestro día normal, ¿por qué están bloqueados y ¿por qué lo encontramos aceptable? ¿Por qué nos separamos del amor en nuestra vida cotidiana y de la misericordia y la compasión?

Durante raros momentos, cuando existíamos en esas cualidades, no había esfuerzo, algo las permitió, no implicaron esfuerzo porque la misericordia, la compasión y el amor existen dentro de nosotros, ya están ahí. Lo que requiere esfuerzo es separarnos de todas las distracciones, s de la mente y el deseo. Este es el lugar donde está involucrado el esfuerzo, el lugar donde tenemos que separarnos de todo aquello a lo que nos aferramos, a las cosas que nos negamos, a dejarlo de lado como si nuestras vidas dependieran de ello, cosas como el estatus, nuestro punto de vista, nuestra idea de lo que somos.

En realidad, estamos hablando de la unidad solamente cuando entendemos que significa aniquilación del conocimiento mundano y de las posesiones mundanas a las que hemos estado aferrados. Si la unidad significa el amor, la misericordia y la compasión que nos aleja de ellos? Estatus, posición, casta, cualquier tipo de separación o división, todo lo que utiliza el mundo para perpetuar todas esas cualidades, que no son piadosas. Si yo soy mejor que tú, tiene que haber un sistema para mantenerte en tu lugar y yo en el mío; le doy crédito al sistema para mantener la superioridad. Cuando no estoy interesado en ser mejor, puedo dejar de lado estas cosas, pero si soy egocéntrico, necesitado de figuración, necesito un sistema de apoyo en la pantalla.

No tiene sentido hablar de unidad mientras mantengamos los sistemas; en lugar de eso deberíamos estar hablando de los sistemas a los que nos aferramos, porqué nos aferramos a ellos, nos han atrapado, no podemos escapar. Podríamos haber adquirido habilidad en el manejo de muchas situaciones en los últimos años, pero ahora estamos atrapados en una de la que no queremos escapar. Hasta nos preguntamos por qué estamos tan enamorados de nuestro lugar, de nuestro estado, de la manera en que nos vemos, con todas las cosas que nos hacen pensar que somos especiales, pero no vamos a encontrar respuestas.

Cuando la gente llega ante una persona santa hace preguntas y a veces piensa que no le están respondiendo a lo que han pedido. No sabemos qué preguntas hacer; más profundo es el problema más miedo tenemos a hacer las preguntas correctas, porque podríamos obtener respuestas que no nos van a gustar. Por lo general, no hacemos preguntas si creemos que podríamos conseguir un "No" por respuesta, pero si las formulamos si queremos obtener un 'sí' por respuesta.

Este es nuestro problema, ¿cómo hemos llegado a este punto? Pronto nos damos cuenta de que tenemos veinticinco, treinta, cincuenta, sesenta años, ¿cómo hemos llegado hasta aquí, que pasó, ¿por qué seguimos viviendo la agonía que hemos pasado desde cuando teníamos doce años, cuando éramos diecisiete? Por qué no hemos sido capaces de adaptarse al drama que nos hizo giro cuando éramos jóvenes, ¿por qué seguimos haciendo girar la misma manera con toda la experiencia que hemos tenido?

Las respuestas a estas preguntas son diferentes para cada uno de nosotros. Cada vez que nos encontramos atrapados en algo que sabemos es inapropiado que deberíamos hacernos cómo llegamos allí, ¿por qué dejamos que esto ocurra, ¿qué tenemos en nosotros mismos que ha consentido esto? ¿Nos hemos dividido nuestra vida en cajas separadas con una separada existencia de cada caja? Cuando estamos en uno, somos conscientes de los demás? ¿Hay unidad en nuestro propio yo, somos una sola persona o un conjunto disperso de personalidades que intentan representar una vida?

Que nos ha pasado, quienes pensamos que somos nosotros ¿en serio? ¿Ponemos restricciones sobre nosotros mismos, ¿qué esperamos de nosotros, qué objetivos tenemos, no de los objetivos de que hablamos sino de las que cosas realmente nos motivan día a día? Cómo hacer que nos motiven, ¿por qué? A veces tenemos que mirar a nuestros motivos entendiendo de dónde vienen, a pesar de que podría ser doloroso actuar con honestidad. Si la comprensión de la unidad significa renunciar a nuestro conocimiento y nuestros apegos mundanos ya no podemos diferenciarnos; aferrarnos a este proceso hace que sea difícil formular las preguntas correctas, porque eso puede llevarnos a

las cualidades que influyen en la existencia, en la base de la misericordia y la compasión.

El proceso comienza con saber cómo comportarnos con los demás.

Tenemos la obligación de tratar a todos de manera adecuada sin hacer excepciones sin pensar que hay situaciones en las que son justificadas. Los que abandonan el camino han hecho muchas excepciones para sí mismos, ¿cuántas tenemos? Nuestras excepciones suelen acompañar principios importantes; se nos permite hacerlo porque estamos protegiendo la fe, se nos permite hacer esto o la verdad será destruida, se nos permite hacer esto porque estamos aferrándonos de nuevo al mal.

La capacidad de hacer que nuestros pensamientos apoyan el yo egocéntrico es grande. Es algo que hemos aprendido y lo aprendimos bien. Tenemos que convertir todo lo que nos rodea, renunciar a nuestra guerra con la unidad, una guerra que mantenemos incluso cuando hablamos de la necesidad de la unidad. En su lugar, batallar con cada aspecto interior de nosotros mismos que nos impida la unidad; entonces ninguna influencia exterior puede privarnos de ella.

Que Dios nos conceda la capacidad de convertir las palabras en acciones y que Él nos abra el camino de la verdadera comprensión de la unidad a cada uno de nosotros.

CAPITULO CUARENTA

Debemos hacer nuestra Su intención, y cuando las dos coinciden es el tiempo de los milagros, el momento en que las cosas suceden y están más allá de las palabras y más allá de la simple descripción.

CAPITULO CUARENTA

La Opción Que Tenemos

El mundo se llama a sí mismo moderno, este mundo de hoy de descubrimientos, una época de innovaciones y de avances radicales en la tecnología. Pensamos en el pasado como un tiempo de oscuridad e ignorancia y el actual como el de la iluminación y el entendimiento. Creemos que podemos corregir los males del mundo con los descubrimientos de hoy. La medicina moderna puede acabar con la devastación de la enfermedad; la psicología moderna entiende la mente y la psique de una manera que no lograda antes. Esta es la propaganda arrogante vendida por la sociedad moderna: nuestra cultura de hoy es omnisciente y capacitada; todo lo que tenemos que hacer es saltar a bordo para dar un paseo.

Pero la verdad es que el estado de la humanidad no ha cambiado a lo largo de los siglos; la condición del hombre tampoco, y la vida del hombre transcurre esencialmente dentro de los mismos límites. Damos mucha importancia al hecho de que nuestra esperanza de vida es más larga ahora, lo que está confirmado por la evidencia estadística, recopilada en nuestro días, aunque ignoramos tanto lo fugaz de la vida y de lo que hay más allá. Más que eso, hemos perdido el contacto con milenarios conocimientos y con la comprensión antigua. Creemos que tenemos nuevas explicaciones para entender a los seres humanos. Creemos en la teoría de la evolución del crecimiento humano, que nos ha tenido desarrollando en progresión ininterrumpida; no contemplamos una existencia humana que se ha desarrollado, retrocedido y tiene que desarrollarse de nuevo. La arrogancia que surge de la arrogancia colectiva de una comunidad, de una cultura, una civilización que nos ha abrumado y nos ha alejado de la comprensión de nuestro verdadero estado. Si aceptamos esa arrogancia creemos que nada se puede hacer si no tenemos la píldora adecuada.

A finales de los sesenta y setenta, la iluminación se vendió en forma de píldora, todo se podía obtener con una pastilla. Ahora la salud y la vitalidad se venden también en esa forma. Siempre hay alguna manera externa para corregir lo que está mal con nosotros, que nos lleve a un lugar diferente; la arrogancia de esta civilización es creer que todas esas cosas externas son el producto de nuestra avanzada civilización.

El mundo se ha olvidado de Dios, de los maestros sabios, de las palabras de los profetas, de las palabras de Dios y de Sus instrucciones. Hemos tenido el conocimiento de quienes somos y que somos y nuestro estado de ser además del conocimiento anterior a las civilizaciones más antiguas y la historia registrada. Este antiguo conocimiento está todavía disponible, pero es casi totalmente ignorado por la sociedad moderna, y debido a que se ignora, parece que se le oculta, pero no, no se oculta, sólo que no es visible si no hacemos el esfuerzo de buscarlo. Creemos que tenemos que llevar a cabo una gran búsqueda para encontrarlo, sin embargo, está abiertamente disponible en sitios diferentes.

La actitud del mundo hace que parezca difícil de encontrar, difícil de entender y difícil de entrar. Nada de eso es cierto, una base de este antiguo entendimiento es la forma más fácil natural y correcta de que el hombre exista,, la manera como el hombre estaba destinado a existir. El mundo nos ha dicho que debemos ser algo más, adaptarnos al estereotipo arrogante ahora en exhibición en el mundo. Este es el caso de nuestra propia cultura, y otros en todas partes, porque la verdad ha sido ocultada.

Desde el tiempo de los profetas hasta hoy las religiones han pasado por grandes cambios con los mismos resultados en todos ellos. Primero viene la palabra, por medio del profeta que enseña al pueblo, luego el profeta muere y una religión se forma. Al principio las religiones constan de un grupo pequeño y después de un grupo más grande, después ya se trata de un grupo mucho mayor que se dedica a la política; luego se institucionaliza y una vez que lo hace aparecen consideraciones muy distintas en la relación individual con Dios y

la institución debe ser protegida. Eso ha ocurrido en todos los tiempos de la historia de la humanidad.

Tenemos que retroceder de nuevo, salirnos de la institucionalización, dar un paso atrás, entrar en la verdadera realidad de la naturaleza humana y aprender lo que ella es. Este reposicionamiento está dando un paso atrás de la sociedad e ir de la manera correcta es una clave para salvarnos a nosotros mismos. Lo que la sociedad y la civilización tiene que ofrecer ahora se puede entender mirando a los héroes de la sociedad moderna, mirando lo que el despliegue mediático tan importante en la sociedad, mirando a la vida de estas personas. Entender que existe algo inmensamente poderoso que el mundo no reconoce como sensacional suficiente para escribir sobre ello, ni con el atractivo suficiente para vender periódicos y revistas, o para ser explotado en la televisión.

La inclinación por las cosas que no sean santas está muy extendida en la civilización actual. La capacidad de hacer dinero orienta y determina lo que se mantiene en la vanguardia de la sociedad. Si cambiáramos, si quisiéramos recibir algo diferente y lo exigiéramos este mundo cambiaría, pero conseguimos lo que pedimos en nuestra sociedad que es un reflejo de lo que somos. Cuando cambiamos la imagen de nosotros mismos, la imagen de nuestra sociedad cambia. ¿Cómo cambiamos nuestra imagen, ¿cómo podemos cambiar lo que somos, lo que somos y lo que queremos llegar a ser.

El Génesis nos dice que hemos sido creados a imagen de Dios.. Aunque no podemos comprender la majestad de nuestro Señor, se nos han dado consejos que nos ayudan a entender Su majestad y Su naturaleza, y que vienen de las cualidades de la gracia de Dios. Si las aprendemos cualidades y las incorporamos en nuestro estado, nuestras bajas inclinaciones serán eliminadas en presencia de la más alta inclinación. Esto no sucede en los desfiles, en los estadios, en las marchas, ocurre en los momentos de tranquilidad, en la intimidad con el Señor. La intimidad con el Señor que está a disposición de todos.

El mundo no habla mucho acerca de los místicos de los que se dice que existen en formas más allá del alcance de los hombres y las mujeres comunes y corrientes. Cada uno de nosotros está comprometido con el misterio del hombre y de Dios; cada uno de nosotros ha sido creado para ser inseparable con nuestro Señor. Hemos perdido la inclinación hacia esa intimidad, perdido la sed por esa

comprensión, el anhelo de este conocimiento. Tenemos que traer de regreso ese anhelo, esa sed y esa inclinación, porque no hay nada más valioso y satisfactorio. . Si nos fijamos en nuestras vidas entenderemos que no es posible sentir verdadera satisfacción hasta que comenzamos a recorrer el camino hacia nuestro Señor, el anhelo de llegar a la intimidad con el Él.

La verdad no es ordinaria, no es comúnmente buscada. Encontrar la verdad y la incorporación en nuestra existencia requiere caminar fuera de lao aceptado. Es una lucha tenaz; tenemos que participar en ella. Lo que nos espera es mayor, magnífico más valioso, una comprensión más grande que cualquier cosa que el mundo tenga para ofrecer. La verdad está oculta dentro de nosotros. Si nuestra atención se centra en el mundo, entonces nuestro interés en Dios, nuestra conciencia de Dios, nuestro anhelo de Dios puede disminuir. Tenemos una opción, o nos apoderamos del mundo y lo consumimos, o nos deshacemos de estos deseos, cambiando nuestro enfoque, nuestra atención, lo que consideramos importante en nuestras vidas, nuestras prioridades y avanzamos hacia la comprensión de lo que significa la intimidad con el Señor. En este camino hay satisfacción, hay paz, podemos descansar, podemos ser los seres exaltados que Dios quiere que seamos. Esa es la decisión que tenemos que tomar en nuestras vidas.

Muchas escrituras hablan del don del libre albedrío de Dios. Si nos fijamos en la vida, si entendemos la condición humana y de pares profundamente en lo que somos, lo que hacemos, lo que sucede en nuestras vidas, nos damos cuenta de esta libertad de elección que Dios nos ha dado se reduce a una cosa, ya sea que elija él o elegimos el mundo. Esta es la única opción que tenemos que hacer.

Nuestra arrogancia es tan compleja que nos lleva a pensar que nuestra elección no es sencilla, la existencia de nuestras elecciones a gran escala, a la vez compleja y sutil, matizada, allá en la imaginación. Esto es simplemente la hipnosis y la atracción del mundo. ¿Y qué tiene el mundo para ofrecer, al final, ¿por qué estamos hipnotizados, magnetizados y confundidos por todas las ilusiones espumosos del mundo? Tenemos una inclinación, una disposición para todo eso. Esto significa que si vamos a cambiar, nuestra inclinación debe cambiar, un cambio que requiere disciplina, la instrucción, la comprensión, y tan importante que significa estar en presencia de alguien que entiende la mentira. Si hablamos sólo a las

personas que han mentido, no nos pueden decir la verdad, ellas saben sólo lo que les han enseñado. Necesitamos a alguien que haya salido del mundo a un lugar aparte, alguien que ya no se sienta atraído por el hipnotismo, el magnetismo y la aparente complejidad del mundo, alguien cuyos deseos hayan desaparecido, que haya controlado las inclinaciones más bajas.

Esto siempre ha sido el trabajo de la humanidad. Hay libros sobre este que con miles de años de antigüedad, sin embargo hablamos de la psicología como si fuera lo único que se ha puesto en el mundo. La arrogancia de nuestra civilización, nuestro tiempo, la arrogancia de unos pocos que se ha extendido a través de la sociedad, hace que nos olvidemos de los grandes maestros del pasado, aquellos que vieron a la verdad y a quienes Dios les dio la autoridad para diseminarla.

Sólo vemos lo que está delante de nosotros, pero tenemos que dejar de olvidarnos de buscar en diferentes lugares, en diferentes direcciones. Debemos entender la continuidad de los seres humanos y ver cómo encajamos en esa continuidad; debemos entender la razón por la cual el hombre fue creado. Tenemos que hacernos las preguntas, "¿Quién soy yo, ¿por qué fui creado, ¿cuál es mi propósito en la vida, ¿a dónde iré cuando termine esta vida?"

Tenemos que hacerlas, buscar respuestas e ir en su búsqueda; entonces aparecerán los maestros. Se nos mostrará el camino porque estamos destinados a encontrarlo ya que está disponible para cada uno de nosotros.

Necesitamos establecer nuestra propia intención de hacer eso, y que cuando lo hagamos coincida con la de Dios, porque esa es su intención para nosotros. Debemos hacer Su intención nuestra intención, y cuando los dos coincidan será el tiempo de los milagros, el momento en que las cosas que suceden que estarán más allá de las palabras y más allá de la descripción. Cuando la gloria y el resplandor se enfoquen en todas las expectativas habituales de la civilización y de la humanidad, todas las explicaciones habituales de lo que está sucediendo a nuestro alrededor desaparecen. Esa gloria es para nosotros, , y está disponible, realmente disponible. Debemos creer en su disponibilidad.

Cuando hablamos de los que han pasado por este camino antes que nosotros, que estamos hablando de los santos seres cuyo propósito es ayudar y colaborar, estamos hablando de aquellos que han viajado por él en su camino. Cuando hablamos de los que han transitado este camino, todos los buenos seres de todos los universos vienen a ayudar. Este camino es el propósito de nuestra existencia. Tenemos que entenderlo con claridad y tomar medidas sobre el mismo, de forma segura y con disciplina.

Que Dios ayude a que cada uno de nosotros sea firme y positivo en este propósito.

www.ingramcontent.com/pod-product-compliance
Lightning Source LLC
Chambersburg PA
CBHW061423040426
42450CB00007B/876